全民阅读·经典小丛书

老 子

［春秋］老子◎著　冯慧娟◎编

吉林出版集团股份有限公司

版权所有　侵权必究

图书在版编目（CIP）数据

老子 /（春秋）老子著；冯慧娟编. — 长春：吉林出版集团股份有限公司，2015.6（2025.5重印）
（全民阅读. 经典小丛书）
ISBN 978-7-5534-7580-6

Ⅰ.①老… Ⅱ.①老…②冯… Ⅲ.①道家②《道德经》- 通俗读物 Ⅳ.①B223.1-49

中国版本图书馆 CIP 数据核字 (2015) 第 119872 号

LAO ZI

老子

[春秋] 老子　著　　冯慧娟　编

出版策划：	崔文辉
选题策划：	冯子龙
责任编辑：	金佳音
排　　版：	新华智品
出　　版：	吉林出版集团股份有限公司
	（长春市福祉大路 5788 号，邮政编码：130118）
发　　行：	吉林出版集团译文图书经营有限公司
	（http://shop34896900.taobao.com）
电　　话：	总编办 0431-81629909　　营销部 0431-81629880 / 81629881
印　　刷：	北京一鑫印务有限责任公司
开　　本：	640mm × 940mm 1/16
印　　张：	10
字　　数：	130 千字
版　　次：	2015 年 7 月第 1 版
印　　次：	2025 年 5 月第 5 次印刷
书　　号：	ISBN 978-7-5534-7580-6
定　　价：	45.00 元

印装错误请与承印厂联系　电话：010-61424266

道，道法自然。"此语如长河瀑布，催人警醒。他的整个思想中，"道"是最高范畴，也是宇宙万物的本体，含有朴素的辩证法思想；其社会政治观则集中体现为"无为而治"，后世帝王采取的"休养生息"政策，多多少少地体现了老子的政治思想。

儒家的"达则兼善天下"与道家的"穷则独善其身"成为中国传统人格的重要结构。儒道互补而非对立，足见以老子为代表的道家思想对中国历史发展的重要作用。

《道德经》五千余言全用韵文写成，多有对偶，以古音读之，大致合韵，今音读来亦有诗歌之节奏韵味。细细品读，不得不感叹其文字简约而意境深远。

前言

在中华民族上下几千年文明流传下来的文化遗产中,有一部深邃厚重,能总括中华民族的基本传统、思想与精神的书;在卷帙浩繁、汗牛充栋的国学书海里,有一卷薄如树叶,足以用一张报纸登载,却可能是在国外拥有最多的译者和读者的书;在西方,该书至少出版过四十种不同的英文译本,版本数仅次于《圣经》,远远多于任何其他书籍的版本数。

这本书名叫《老子》,又被称为《道德经》。它是道家的主要经典著作之一,被梁启超誉为"道家最精要之书"。

《道德经》作者老聃,姓李名耳,字伯阳,春秋末期楚国苦县(今鹿邑县)人,被后世称为老子,曾做过周朝管理图书的史官,后因不满于当时动荡变革的社会现实而悄然隐退,不知所终。

关于《道德经》的成书年代,一直存在着争议,比较流行的观点是奠基于春秋末年,定型于战国初年。成书后共分上篇《道经》和下篇《德经》两个部分,八十一章,仅以简洁的五千余字,就构造出了一个朴素自然的宇宙观、豁达飘逸的人生观,以及客观实用的方法论的宏大框架。

《道德经》集中体现了老子的哲学系统,即由论宇宙而论人生,再由论人生而论政治。老子曰:"人法地,地法天,天法

目录

道经 …………………………………………… ○○九

第一章 ………………………………………… ○一○
第二章 ………………………………………… ○一二
第三章 ………………………………………… ○一四
第四章 ………………………………………… ○一六
第五章 ………………………………………… ○一七
第六章 ………………………………………… ○一九
第七章 ………………………………………… ○二一
第八章 ………………………………………… ○二二
第九章 ………………………………………… ○二四
第十章 ………………………………………… ○二五
第十一章 ……………………………………… ○二七
第十二章 ……………………………………… ○三○
第十三章 ……………………………………… ○三一
第十四章 ……………………………………… ○三四
第十五章 ……………………………………… ○三六
第十六章 ……………………………………… ○三九
第十七章 ……………………………………… ○四一
第十八章 ……………………………………… ○四二
第十九章 ……………………………………… ○四三
第二十章 ……………………………………… ○四五
第二十一章 …………………………………… ○四八

目录

第二十二章	○五○
第二十三章	○五二
第二十四章	○五三
第二十五章	○五四
第二十六章	○五六
第二十七章	○五七
第二十八章	○五九
第二十九章	○六○
第三十章	○六三
第三十一章	○六五
第三十二章	○六六
第三十三章	○六八
第三十四章	○六九
第三十五章	○七一
第三十六章	○七三
第三十七章	○七四
德经	**○七七**
第三十八章	○七八
第三十九章	○八○
第四十章	○八三
第四十一章	○八四

目录

第四十二章……………………………〇八七
第四十三章……………………………〇八九
第四十四章……………………………〇九一
第四十五章……………………………〇九三
第四十六章……………………………〇九四
第四十七章……………………………〇九六
第四十八章……………………………〇九七
第四十九章……………………………〇九九
第五十章………………………………一〇一
第五十一章……………………………一〇三
第五十二章……………………………一〇四
第五十三章……………………………一〇六
第五十四章……………………………一〇八
第五十五章……………………………一〇九
第五十六章……………………………一一一
第五十七章……………………………一一二
第五十八章……………………………一一四
第五十九章……………………………一一六
第六十章………………………………一一八
第六十一章……………………………一一九
第六十二章……………………………一二一
第六十三章……………………………一二三

目录

第六十四章……………………………一二五
第六十五章……………………………一二七
第六十六章……………………………一二九
第六十七章……………………………一三一
第六十八章……………………………一三三
第六十九章……………………………一三四
第七十章………………………………一三五
第七十一章……………………………一三七
第七十二章……………………………一三八
第七十三章……………………………一四〇
第七十四章……………………………一四二
第七十五章……………………………一四三
第七十六章……………………………一四四
第七十七章……………………………一四六
第七十八章……………………………一四八
第七十九章……………………………一五一
第八十章………………………………一五三
第八十一章……………………………一五六

道经 DAO JING

第一章

【题解】

老子在本书开篇中介绍了最高哲学范畴——"道",并通过"名"去阐释这一概念。在《道德经》中,不管是"道"还是"名",都有多种意义。什么是"道可道,非常道"?第一,"道"是变化发展的,不是永恒静止的;第二,"道"是存在于一切事物中的"道",即规律性。什么是"名可名,非常名"?事物的存在往往一物多貌。如青蛙先由受精卵发育成有尾巴的蝌蚪,再长成无尾巴的青蛙;青蛙本身,其外貌也是常常变化的。多名所以有多维空间,多貌所以叫不出准确名字,故"名可名,非常名"。老子接着说,要从有形和无形两方面去理解"道"。"道"在此章专指事物的规律性,而规律无形可见,却又在事物中普遍存在。事物不同源于形状不同,所以人们就以形状来区别事物,而形状各异的事物又体现出不同的规律,故"常无欲以观其妙,常有欲以观其徼"。为什么又是"此两者同出而异名"?

老子像

因为事物在"道"的作用下产生并遵循"道"而存在。

【本经】

道可道①,非常道②;名可名③,非常名④。无名,万物之始⑤;有名,万物之母⑥。故常无欲,以观其妙⑦;常有欲,以观其徼⑧。此两者,同出而异名⑨。同谓之玄⑩,玄之又玄⑪,众妙之门⑫。

【注释】

1.可道:可以言说。道,动词。

2.常道:"常"同"恒";"道",老子提出的最高哲学范畴,有不可言说的玄妙,有多种意义。作为哲学范畴,意为"事物的规律性""自然法则",相当于黑格尔的"绝对理性"、柏拉图的"Idea"等。

3.名可名:事物法器或修炼方法的名称,是可以命名定义的。此处指用语言议论来形容的"道之境界"。

4.非常名:"常"同"恒",接上句转折,意为绝非真实长存的"真道境界"。

5.无名,天地之始:无名即"道",它首先产生了天地,故无名是天地之始。

6.有名,万物之母:有名即天地,天地产生后万物跟着产生,故天地是万物之母。

7.妙:事物演化之道的极致。

8.徼(jiào):边界。此处指此物与彼物区别的界限。

9.此两者同出而异名:"此两者"指的是"有"与"无","同出而异名"指的是"二者同源而叫法不同"。

10.玄:深黑色,意为深远、看不透。形容"道"之深邃。

11.玄之又玄:玄妙又玄妙、深远又深远。

12.众妙之门:宇宙天地万物之奥妙的总门。

【译文】

　　能说出来的道理，不是永恒的道理；能表述出来的概念，不是永恒的概念。不能称呼的（世界原初状态），是天地的开始；能称呼的（世界状态），是万物的根源。所以经常从无形处观察世界本原的奇妙；经常从有形中观察世界本原的表现。有形与无形两者同源，而叫法不同。两者都很玄妙，是玄妙中的玄妙，众多玄妙的总章。

第二章

【题解】

　　本章讲述了老子的辩证法和自然主义思想。此篇意在阐述事物相互依存、相互作用的关系，也表达了功成不居故功勋永在的自然主义思想。本篇分两层。第一层集中阐述辩证法，列举美与恶等八事，指出一切事物都有对立面，一切事物都以对立面为自己存在的前提，相反相成，相互依存。相反的关系不断地变化运动，因此一切事物及其价值判断也不停地变化着。第二层讲圣人行事。将辩证法运用到社会生活中，则有为和无为，有言之教和不言之教，也都是相互依存、相互转化的。圣人是依照客观规律行事的人，他们顺应自然，有所作为，而不强作妄为，以无为的方式去化解矛盾，促进自然的改造和社会的发展。圣人功成而不居功自傲，所以功勋永不磨灭。

【本经】

　　天下皆知美之为美①，斯恶已②；皆知善之为善③，斯不善已④。故有无相生⑤，难易相成⑥，长短相形⑦，高下相倾⑧，音声相和⑨，前后相随⑩。是以圣人处无为之事⑪，行不言之教⑫，万物作焉而不辞⑬。生而不有⑭，为而不恃⑮，功成而弗居⑯。夫唯弗居，是以不去⑰。

【注释】

1. 美：美好的事物。

2. 恶：此处指丑。

3. 善：善良的事物。

4. 不善：此处指恶。

5. 有无相生：有和无互相生成。

6. 难易相成：难和易互相形成。

7. 长短相形：长和短相对显示。

8. 倾：同"盈"。

9. 音声：音，合奏的乐音。声，单一的音响。

10. 前后相随：前与后相互追随。

11. 圣人：老子理想中"与道同体"的典范。无为：指顺应自然、不加干涉。

12. 不言：不发号施令、不滥用政令。

13. 辞：主宰的意思。

14. 有：占有，据为己有。

15. 恃：自恃（有能耐）。

16. 居：居功、自我夸耀。

17. 是以不去：以，因为；是，指示代词，这。是以，即以是的倒装，因

茅山老子像

此之意。不去,指"圣人"的功绩不会消失。

【译文】

　　天下人知道了美好的事物怎样成为美好,就知道了什么是丑恶的东西;天下人知道了善良的事物怎样成为善良,就明白了什么是不善良的东西。所以,有形与无形互相生成,难与易互相形成,长与短相对显示,尊高与卑下互相依存,音与声互相调和,前与后互相追随。因此圣人无作为地处理事情,无言而施行教化。使万物生长,却不发号施令;养育万物,却不自己占有;施恩而不自恃有恩;成就功业,却不居功自傲。正是不居功,因此才不会被遗忘。

第三章

【题解】

　　在老子生活的春秋末期,统治者为巩固政权纷纷招揽贤才以备治国安邦。由于选贤不规范,一些人在"尚贤"旗号下,竞相争夺权位、抢夺钱财,造成恶劣影响。老子提出"不尚贤"的观点以反对"养贤"之风,认为社会要平等以及人类社会应达到"无"的高度,即没有纷争发生。老子认为应让所有人都懂得顺应自然规律,不论是自然还是人类社会,依照"无为"的理性规律治理人事,那么天下万物都能得到治理。"无知无欲"即"知无"和"欲无",让人们保持纯洁本性。"为无为"指以"无为"作为处理事情之法。"无为"是老子哲学思想的核心,指人以"无为"的逻辑方法去寻找事物变化前的形态。人们若能运用"无为"的方法,就有可能避开不利的情况,将其引到有利的情形中去,以适合"道"的运用,天下就"无不治"了。

【本经】

不尚贤①，使民不争②；不贵难得之货③，使民不为盗④；不见可欲⑤，使民心不乱⑥。是以圣人之治⑦，虚其心⑧，实其腹⑨，弱其志⑩，强其骨⑪；常使民无知无欲⑫，使夫知者不敢为也⑬。为无为⑭，则无不治⑮。

【注释】

1.不尚贤：不崇尚有才能的人。

2.争：争夺。

3.贵：动词，重视、珍惜。

4.盗：盗贼。

5.见：呈现。

6.乱：迷乱。

7.治：治理。

8.虚其心：使人民心里纯洁，无思无欲。

9.实其腹：使人民填饱肚皮。

10.弱其志：使人民意志柔弱。

11.强其骨：使人民身体强壮。

12.无知无欲：没有知识、没有欲求。

13.知者：有才智的人。

14.无为：无所作为。

15.则无不治：没有治理不好的。

［明］文徵明《老子像》

老子骑牛图

【译文】

不提倡贤良,可以避免人民争名夺利;不重视难得的财宝,可以使人民不做盗贼;不显示诱发欲念的东西,就不会使人民内心迷乱。因此,圣人治理国家,努力使人民内心纯净朴实,使人民肚腹饱实,使人民意志柔弱,使人民身体强壮。经常让人民无智慧无欲望,让有智慧的人不敢妄为。无为的统治,就不会治理不好。

第四章

【题解】

老子在本章中描述了以心法达到的宇宙初始态的情形。"中而用之"的"中庸定律",即一切都有中点。但宇宙起源时并没有中点之说。老子认为,运用心法抛弃万物,就能找到这种无中点的状态,再从中产生万物。

【本经】

道冲,而用之①或不盈②,渊兮③,似万物之宗。挫其锐,解其纷,和其光,同其尘④。湛兮⑤,似若存。吾不知谁之子⑥,象帝之先⑦。

【注释】

1.冲:古字为盅,器皿空虚。

2.盈：满、穷尽。

3.兮：语气词，相当于"啊"。

4.挫其锐，解其纷，和其光，同其尘：又见于五十六章。"其"字都是指"道"本身的属性。

5.湛：沉没，形容"道"隐而无形，又确实存在。

6.吾不知谁之子：意谓道无父无母，先天地生，为万物祖。

7.象帝之先：象，好像、好似；帝，天帝。好像在天帝之前就出现了。

【译文】

大道没有实际形体，作用却无尽。它那么幽深，仿佛是万物的根源。挫折自己的锋芒，化解自己的纷扰，柔和自己的光辉，把自己混同尘俗，它仍然那么深邃，却又好像永远存在。我不晓得它来自哪里，好像在天帝出现前就已存在了。

第五章

【题解】

圣人以按规律办事为基本原则，而且遵循的是自然规律。规律和规律在本质上是相同的。老子以风箱为喻：从外部看风箱在不停地运动，可在整个运动过程中，风箱中间"轴"的位置却始终没有变化。据此老子告诉我们，任何事物都有自己的"中"，而这个"中"都是相对稳定的，所以若能确定事物的"中"，就确定了它相对稳定的状态，也就确定了它的本质。这种确定事物"中"的方法就叫"守中"，即"中而用之"。

尹喜获赠《道德经》

【本经】

天地不仁①，以万物为刍狗②；圣人不仁③，以百姓为刍狗。天地之间，其犹橐籥乎④？虚而不屈⑤，动而愈出。多言数穷⑥，不如守中⑦。

【注释】

1.天地不仁："仁"是儒家思想核心。仁者立功施化、有恩有为，受惠者却失其本真和独立性。天地任自然，无为无造，万物自相治理，故说不仁。

2.刍狗：用草扎成的狗。古人祭神用，祭祀时，给它披上绣巾并装入匣中，不是爱它；祭祀毕，把它扔掉或烧掉，也不是恨它。人们对它无所谓亲不亲、仁不仁，天地对万物亦然。

3.圣人不仁：圣人仿效天地，故说圣人不仁。

4.橐籥：即古风箱。橐，牛皮袋，用以鼓风炽火。籥，竹制吹管，连通牛皮袋以吹风。

老子骑牛塑像

5. 屈：竭、尽。

6. 数穷：加快穷困。

7. 守中：静守心中。

【译文】

天地不仁爱，把万物当作刍草扎成的狗（让它们自生自灭）；圣人不仁爱，把人民当作刍草扎成的狗（让他们自生自灭）。天与地中间，不像风箱吗？内部空虚不会枯竭；鼓动起来产生更多的气流。人们说话太多，常常困窘，不如把话藏在心中。

第六章

【题解】

"谷神"指宇宙起源时的动的信息，它产生后若无对手就始终保持不变。它和伽利略的运动实验结论类似，即一个动点若无阻力会始终运动下去。但两者尚有差异，古代中国人关于"道"之"动"的观念和他们总结出的宇宙逻辑定律联系密切，并以该定律作为其观念基础；而伽利略实验结论后来虽成为所有科学活动的基础，其本身却无理论基础。按照"一"的描述，一切都有始点和终点。故也可为"动"设定一个终点，这样"动"就成为有界轨道运动，虽然"动"的趋势能够无限，其"动点"的运动范围却成为"有限"。"道"通过这种观念逐步形成一个能够无限扩张的有界宇宙模型。

"玄牝之门"相当于开篇的"众妙之门"。所有玄妙因素都经过"门"产生后发展起来。"门"是古代中国人在描述宇宙起源时用得最普遍的象征。"牝"指女性生殖器，老子以母性力量生动地比喻了宇宙生生不息的规律。老子整本书中都体现了对伟大母性"生"的力量的赞

老子

[明]丁云鹏《三教图》 此图画孔子(左)、老子（右）、红衣罗汉（后）坐于树下共同探究玄理的情景，反映了明朝时儒、道、佛三教融合的情况。

颂和崇敬。

【本经】

谷神不死①，是谓玄牝②。玄牝之门，是谓天地根③。绵绵若存④，用之不勤⑤。

【注释】

1.谷神不死：谷，虚空，像山谷。谷神借喻为道。

2.玄牝：象征孕育和生养天地万物的母体。

3.根：本原。

4.绵绵若存：形容道的连续性、无限性和不可见性。

5.用之不勤：勤，尽。王弼："无物不成，用而不劳也，故曰用而不勤也。"

【译文】

无形的大道空灵神妙，永不寂灭，是神秘的母性。神秘的母性之门，就是天地的本原。它绵延不绝，永远存在，使用起来无穷无尽。

第七章

【题解】

"长""久""身先""身存""无私"属于非常道范畴，"自生""后其身""外其身""私"属于常道范畴。老子认为，人虽处于常道范畴，却要以心法的逻辑思维让自己达到非常道范畴的高度。常道和非常道的顺序是根据其发生的先后顺序来确定的。

【本经】

天长地久。天地所以能长且久者,以其不自生①,故能长生。是以圣人后其身,而身先②;外其身,而身存。非以其无私邪③?故能成其私④。

【注释】

1.以其不自生:因为天地不为自己生存。自生则不与物争,不自生则物归。

2.后其身,而身先:遇事谦退,先人后己,而成全自己,说明不争之德的好处。

3.邪:同"耶"。

4.私:自己、本人。

【译文】

天地长久存在。天地能够长久存在的原因,是它们不为自己而生存,所以能永存长生。因此,圣人把自己摆在后面,反而位于前面;把身体置之度外,却能保存身体。这难道不是因为他无私心吗?所以才能成就自己。

第八章

【题解】

水在自然界中最常见。老子以水无体无形的特性来喻人之心法也应具有这样的特征。人受形体束缚而难以达到"无"的高度。老子认为心法要似水不受形体约束,才能无所不能。"争"的字形是以"手"抓"物"的样子,"不争"即摆脱万物。心法的基本要求即摆脱万物。

"不争"和"无忧"都达到了"非常道"的境界,属于和宇宙相对立的范畴。老子认为,只有借助心法摆脱万物才能做到"不争",才能达到"无忧"境界,也才算找到真正的"忧"。"忧"指宇宙中的各种因素。第一个"忧"可当作是宇宙的第一个因素,它实际上就是宇宙的始点。"上善"即"道德",意即已具有最崇高的品性"道德"。老子认为宇宙的第一个因素是"道",第二个因素是"德",若找到它们就达到了"上善",也才能呈现出:"居善地,心善渊,与善仁,言善信,正善治,事善能,动善时。"

浩荡之水可令人胸怀舒阔

【本经】

上善若水①。水善利万物而不争,处众人之所恶②,故几于道③。居善地④,心善渊⑤,与善仁,言善信⑥,政善治,事善能,动善时。夫唯不争,故无尤⑦。

【注释】

1.上善:最善。

2.恶:厌恶。《论语·子张》子贡曰:"君子恶居下流,天下之恶皆归焉。"儒家人恶卑下、力争上游,老子与之相反。

3.几:接近。

4.地:地方。

5.渊:沉静的深水。

6.信：诚信、信用。

7.尤：过失、差错。

【译文】

最有修养的人像水。水善于滋养万物而不与一切争，处在大家所讨厌的地方，所以更接近真理。居住善于选择地方，思想善于保持沉静，相处善于互相仁爱，言谈善于坚守信用，为政善于保持安定，办事善于发挥能力，行动善于把握时机。正因为不争，所以不招来怨恨。

第九章

【题解】

老子在本章中阐述了功成身退、适可而止的观点。宇宙起源的探索是一个巨大工程，人们用其毕生时间都不会做出太大突破，因此要想有所成就，就要把握好度，适可而止。"数"太多太大，属于大数和素数范畴，以致探索宇宙起源难度巨大。"功成""名遂"属于非常道范畴，"身退"指从非常道范畴回到常道范畴。老子还认为，功成身退、适可而止的观点可以运用到社会生活中。

【本经】

持而盈之①，不如其已；揣而锐之②，不可常保。金玉满堂，莫之能守；富贵而骄，自遗其咎③。功遂身退，天之道④也。

【注释】

1.持而盈之：持，执、拿。盈，满。

2.揣：捶击。

3.自遗其咎：遗，留下。咎，凶、灾祸。

4.天之道：天地损益的规律。

【译文】

拿着盈满的杯子，不如放下；锤打铁器让它锐利，不能长期保持。黄金宝玉堆满屋舍，没人能永远保有；有钱有势的人骄傲自满，会自取灾祸。功成名扬则急流勇退，才符合自然规律。

第十章

【题解】

老子认为要给已产生的事物提供足够的生存空间。为使所有事物都有其存在空间，人们须通过心法先让心变"空"，即达到"无"的境界，再在心中有序地安排各种事物。老子用反问句列举了六种使心达到"无"再予以处理的情形。这些情形还有很多，可方法却只有一种，即让心达到"无"的境界。"无"的境界和宇宙产生前的境界本质相同。"爱民治国"中"爱"的字形是用手把一切抓到心中的形象。"民"是"国"的基本组成成分。"国"指宇宙大方，"治国"即推断演绎宇宙大方。"玄德"指深藏在宇宙深处能生成一切的本质规律。

【本经】

载营魄[1]抱一[2]，能无离乎？专气致柔[3]，能如婴儿乎？涤除玄览[4]，能无疵乎[5]？爱民治国，能无以知乎[6]？天门开阖[7]，能为雌乎？明白四达[8]，能无为乎？生之畜之[9]，生而不有，为而不恃，长而不宰，是谓玄德。

[元]华祖立绘《玄门十子图卷·老子》

【注释】

1. 载营魄：载，语助词。营魄，魂魄。
2. 抱一：合一。
3. 专：集中。
4. 涤除玄览：涤，清除。除，去尘。览，通"鉴"，镜子。玄览，人的内心。
5. 疵：毛病，此指欲望，以欲望喻镜子上的尘垢。修道之人，求静必须去除欲望。
6. 知：通"智"，私欲。老子反对以一己之智加于法，反对以智治国。
7. 天门开阖，能为雌乎：天门，指耳目口鼻。阖，关闭。开阖，即动静、变化。雌，宁静。
8. 明白四达：指心如明镜的大智。
9. 生之畜之：畜，养育、繁殖。

老子像

【译文】

魂魄同身体合一，能够永不分离吗？收聚精气达到柔弱，能像婴儿一样吗？清除杂念，察看内心，能没有瑕疵吗？珍惜百姓，治理国家，能无为而治吗？呼吸吐纳，能轻柔安静吗？通事明理，能不用智慧吗？生育万物，能生养而不占为己有，施恩而不自恃有恩，主导而不主宰人民，这就是最深的德行。

第十一章

【题解】

老子通过车轮、容器、房屋等具体事物去探索抽象的道理。其学说常从具体到抽象、从感性到理性。冯友兰说："老子所说的'道'，是'有'与'无'的统一，因此它虽然是以'无'为主，但是也不轻视'有'，它实在也很重视'有'，不过不把它放在第一位就是了。

老子第二篇说：'有无相生'，第十一章说：'三十辐，共一毂，当其无，有车之用。埏埴以为器，当其无，有器之用。凿户牖以为室，当其无，有室之用。故有之以为利，无之以为用。'这一段话很巧妙地说明'有'和'无'的辩证关系。一个碗或茶盅中间是空的，可正是那个空的部分起了碗或茶盅的作用。房子里面是空的，可正是那个空的部分起了房屋的作用。如果是实的，人怎么住进去呢？老子做出结论说'有之以为利，无之以为用'，它把'无'作为主要的对立面。老子认为碗、茶盅、房子等是'有'和'无'的辩证的统一，这是对的；但是认为'无'是主要对立面，这就错了。毕竟是有了碗、茶盅、房子等，其中空的地方才能发挥作用。如果本来没有茶盅、碗、房子等，自然也就没有中空的地方，任何作用都没有了。"（《老子哲学讨论集》）

老子出关泥塑

【本经】

三十辐，共一毂①，当其无，有车之用②。埏埴以为器③，当其无，有器之用④。凿户牖以为室⑤，当其无，有室之用。故有之以为利，无之以为用⑥。

【注释】

1.三十辐，共一毂：辐，车轮上连接轴心与轮圈的木条。毂，车轮中心圆孔，车轴从中穿过。

2.当其无,有车之用:因为车毂虚空,车轴在里面转动,车才有了运载作用。无,车毂中的虚空部分。

3.埏埴以为器:揉捏黏土做成器皿。埏,揉。埴,黏土。

4.当其无,有器之用:因为器皿中空,它才有了盛东西的用途。无,器皿中空处。

5.户牖:门窗。

6.有之以为利,无之以为用:有,事物实体。无,中空处。"有"给人便利,"无"发挥其作用。它具体阐述了老子的辩证法。道和自然界万物都是"有"和"无"的辩证统一。老子把"无"放在首位,"有"放在第二位,体现出老子辩证思维的特点。第一章所说"有"和"无"描述"道"由形而上状态向下而产生天地万物,是超现象界;本章所说"有"和"无"指现象界实物。两者内涵各异。

【译文】

三十根辐条装到一个轴头上,轴头中留有空隙(才能穿进车轴),车才能使用;揉捏黏土以制作器皿,器皿中空,才能装物;凿出门窗修建房屋,房屋中空,才能住人。因此,拥有这些作为财富,只有让它们虚空才可以使用。

崂山犹龙洞石壁上的石刻老子《道德经》

第十二章

【题解】

老子生活的春秋时期，新旧制度交替、社会动乱，奴隶主生活日益奢靡。他认为正常的社会生活应是"为腹不为目"，只求温饱，不求声色。老子反对的是奴隶主的奢靡生活，不是普通民众的日常生活，因为普通民众不会拥有"五色""五味""五声""田猎"和"难得之货"，这是贵族生活的一部分。老子并没有把精神文明与物质文明对立起来，没有否定文化发展，他倡导人们能丰衣足食，保持内在安定知足的生活，摒弃外界物欲诱惑。人们若过于注重外在享受，就会越陷越深，心灵也会日趋空虚。因此，老子警示人们要拒绝物欲诱惑，保持知足宁静和纯洁天性。有些人只求声色物欲的享受，价值观、道德观变形，做出一些"人心发狂"的事情。可谓屡见不鲜。所以，人类社会的精神文明与物质文明应同步发展，物质文明水平提高了，也要努力地提高精神文明的水平。

【本经】

五色令人目盲[1]，五音令人耳聋[2]，五味令人口爽[3]，驰骋畋猎令人心发狂[4]，难得之货令人行妨[5]。是以圣人为腹不为目[6]，故去彼取此[7]。

【注释】

1.五色：即青、赤、黄、白、黑，此指色彩多样。目盲：喻眼花缭乱。

2.五音：古代音乐的五个基本音阶，即宫、商、角、徵、羽。此指各种音乐。耳聋：喻听觉不灵。

3.五味：酸、苦、甘、辛、咸，此指各种食物。口爽：一种口病，喻味觉失灵。爽,伤。

4.驰骋畋猎令人心发狂:驰骋,马奔跑。畋,打猎,意即纵情玩乐。令人心发狂,使人内心放荡而不能制止。

5.行妨:破坏操行,此指物欲损害人性,正常生活应是"为腹不为目"。妨,害、伤。

6.为腹不为目:一说只求温饱,不求声色;一说"腹"指内在自我,"目"指外在形象。皆通。为腹,即保持内在宁静的生活。为目,即追逐外在享受的生活。

7.去彼取此:摈弃物欲,吸取有利自身的东西。

老子悟道图

【译文】

　　过多颜色使人眼花缭乱,过多音调让人听不清楚,过多滋味使人难以分辨,放纵狩猎会让人疯狂,珍贵宝物会诱惑人行为不轨。所以,圣人只求人民温饱而不求他们享受声色之乐,因而舍弃物欲,选择朴素淳厚。

第十三章

【题解】

　　很多人都非常重视宠辱荣患,有些人甚至视身外荣辱重于自身生命。人们在现实生活中要经常接触到功名利禄、荣辱毁誉。很多人把荣宠和名利作为人生最高目标，以享荣华富贵、庇荫后代，可以说，他们就是为了名、位、寿、货等身外物而活着。把名利摆在何种地位，对此的态度因人而异。若视之重于生命，就错了。老子"贵身"，认为人的生命远远比荣宠名利重要，人要摒弃物欲，对所有声色之事都无动于衷，就能受天下的重托，让万民都来依靠。这种态度才是正确的。

【本经】

宠辱若惊①，贵大患若身②。何谓宠辱若惊？宠为下③，得之若惊，失之若惊，是谓宠辱若惊。何谓贵大患若身？吾所以有大患者，为吾有身④。及吾无身，吾有何患？故贵以身为天下，若可寄天下⑤。爱以身为天下，若可托天下⑥。

【注释】

1.宠辱若惊：受宠或受辱，就感到惊恐。若，副词，于是。

2.贵大患若身：重视大患像重视自己身体一样。贵，以……为贵，重视。老子认为，无论得宠或受辱，都贬低了人格。受辱损伤自尊，得宠使人感到意外的荣耀，而诚惶诚恐，失去独立人格。一般人很重视身外宠辱毁誉，甚至看得比生命还重。老子主张"贵身"，让人们看重生命、人格，轻视荣辱等身外物。

3.辱为下：得宠是卑下的。

4.吾所以有大患者，为吾有身：我之所以有大患，是因为我有身体。老子认为大患来自人的身体，故预防大患，应先重视身体。老子强调贵身，并没有让人弃身、轻身。

修身养性，宠辱不关

［宋］晁补《老子骑牛图》

老子

5.故贵以身为天下者,则可寄于天下:寄,寄托,交付。以贵身的态度对待天下事的人,才能把天下托付给他。老子认为,贵身之人"为腹"而不"为目",只求生活安宁恬淡,不追求声色,他们才能不因宠辱伤害自身,才能担当天下大任。

6.爱以身为天下者,乃可以托于天下:以爱身的态度对待天下事的人,才可把天下托付给他。

【译文】

人们受宠、被辱都像遇到惊恐的事,重视灾祸像重视自己的身体。什么叫受宠、被辱都惊恐呢?受宠就会感觉高人一等,受辱就会自觉低人一等。得到宠辱好像遇到惊恐的事,失去宠辱也好像遇到惊恐的事。这就叫作受宠、被辱都让人惊恐。什么叫重视灾祸就像重视自己的身体呢?我遇到灾祸的原因,是我有身体;等到我没有身体,我还能受什么灾祸呢?因此像看重身体一样,慎重治理天下的,就可以把天下暂时托付给他;像珍惜身体一样,慎重治理天下的,就可以把天下暂时托付给他。

第十四章

【题解】

"道"脱离具体事物,不同于现实世界的任何事物。它无形无声,超越时空存在,或隐或现,不可命名。"道"不是一般事物,是无形可见的东西。老子用经验世界的概念解释它,后又全盘否定,体现了"道"的深邃玄妙。现实世界的具体事物一直遵循着"道"的普遍规律,要理解和掌握现实事物,就要认识"道"的普遍原理,把握"道"的运动规律。"圣人"领悟出"道"性,所以能够认识物质世界运动发展所遵循的规律,能够支配现实世界。

【本经】

视之不见名曰夷①,听之不闻名曰希,搏之不得名曰微。此三者不可致诘,故混而为一②。一者,其上不皦③,其下不昧④,绳绳不可名⑤,复归于无物⑥。是谓无状之状,无物之象,是谓惚恍。迎之不见其首,随之不见其后;执古之道,以御今之有⑦。能知古始,是谓道纪⑧。

【注释】

1.夷:帛书本作"微"。

2.此三者不可致诘,故混而为一:这三者的形象无法追究,所以道是混沌一体的。三者,指"夷""希"和"微",用以描述"道"。致诘:究诘,追究。由于"道"没有形体,人类感官无从体验,难用准确语言描述,只能以经验世界概念去"证伪"它,通过一一否定,显示出"道"的特性。

3.皦(jiǎo):明亮、清晰。

4.昧:阴暗。

5.绳绳兮不可名:绳绳(mǐn),渺茫、不清楚。名,描绘。

6.复归于无物:"道"回归于无形无象、混沌不分状。无物,指感官不能知觉、不具形象的"道"。

7.执古之道:执,依据、根据;古之道,自古存在的"道"。御:驾驭,此处意为利用、使用。今之有:眼前的具体事物。有,指现实世界存在物。

8.古始:宇宙开端,"道"的起始。道纪:"道"的纲纪、"道"的规律。纪,纲纪、规律。

【译文】

眼睛看不到的,称为夷;耳朵听不到的,称为希;手摸不着的,称为微。这三种东西不能具体分别出来,所以混为一体。它的上端不光明,它的下端不阴暗。绵绵不绝,却无法明确表述出来,又归结到无形。这叫作没有形状的形状,没有影像的影像,称为恍惚。迎上去,看不见它的开端;追随着,看不见它的末端。按照以前的制度来处理现在的事情,能认识到古老的本始,这就称作道的纲纪。

第十五章

【题解】

"道"是深邃玄妙、隐现不定的。普通人觉得"道"难于把握,而得"道"之人却不同于世俗之人,他们样貌独特、品格形态独到。世俗之人比较肤浅,很容易被人看穿;得"道"之人静谧深沉,难以看破。老子在这里"强为之容",即勉强地为他们描述一下。他们人格高尚,心理素质良好,静定功夫深厚,内心世界平静。他们看上去静心无为,其实极富创造力,即静极而动、动极而静,这是他们的生命活动过程。老子的理想人格是淳朴忠厚、静心安定,内心世界丰富,并能在一定情况下,由静入动。这种人格上的静动变化亦符合"道"的变化规律。

【本经】

古之善为士者①,微妙玄通,深不可识②。夫唯不可识,故强为之容③:豫兮,若冬涉川④;犹兮,若畏四邻⑤,俨兮,其若客⑥;涣兮,若冰之将释⑦,敦兮,其若朴,旷兮,其若谷⑧,混兮,其若浊。孰能浊以止,静之徐清⑨。孰能安以久,动之徐生⑩?保此道者不欲盈。夫唯不盈,故能敝而新成⑪。

太上老君像

老子

[注释]

1.士：指得"道"的人。

2.微妙玄通，深不可识：精微奇妙深奥通达，深邃到不能了解。老子认为"道"是不可捉摸的超验存在，而得"道"的人与世俗之人不同，静谧深沉，难以看透。

3.夫唯不可识，故强为之容：有"道"之人深刻到一般人不能看透，所以勉强描绘一下他。强，勉强。容，描绘。

4.豫兮：迟疑慎重的样子。若冬涉川：像冬天踩水过河。冬天过河，即在冰上走，如履薄冰，小心慎重。

5.犹兮：警惕戒备的样子。四邻：周围邻国。

6.俨兮：庄重严肃的样子。客：做客。

7.涣兮：融和流动的样子。释：冰融化。

8.旷兮：开阔旷达的样子。

9.孰能浊以止，静之徐清：谁能使浑浊安静下来？静下来才能慢慢澄清。

10.孰能安以久，动之徐生：谁能使静变动？动起来才能慢慢显出生机。

11.夫唯不盈：不求自满；盈，满。蔽而新成：虽破败但不会穷竭，不必作新补充；蔽，通"敝"。

[译文]

以前善于遵循道的人，精微奇妙深奥通达，深邃到不能了解。就因为不能了解，所以勉强这样形容他：行事谨慎像寒冬过河，警觉小心像防备四邻，举止端庄像做客，欲望涣散像冰雪将要融化，性情淳厚像璞玉，旷达好像山谷，融洽众人就像同流合污。谁能让浑水不再浑浊？只有让它静下来慢慢澄清；谁能使静止长久保持？只有让它动起来慢慢出现生机。遵循道的人总不愿意盈满。正因为不愿意盈满，才能遮蔽光彩而不用想做出新成就。

第十六章

【题解】

老子在此章中尤其强调了致虚守静。他认为人们应保持虚寂沉静，去应对世界万物的发展变化。老子认为世间万物的运动变化都有其自身规律，从生到死、再生到又死，繁衍生息，周而复始以至无穷，它们都遵守这一规律。老子希望人们能认识这个规律，并把它运用到社会生活中。他提出"归根""复命"，提倡回归到事物存在的根源，即虚静的极点状态，这是万物存在的本性。

【本经】

致虚极，守静笃①，万物并作，吾以观其复②。夫物芸芸③，各复归其根④。归根曰静，是谓复命⑤，复命曰常，知常曰明⑥。不知常，妄作，凶⑦。知常容，容乃公，公乃全，全乃天，天乃道，道乃久，没身不殆⑧。

致虚守静

【注释】

1.致虚极，守静笃：尽力达到心灵虚寂状态，坚守住这种宁静。"虚""静"都是老子认为应保持的心灵状态，即一种没有心机和成见的状态，它是消除了利欲引诱和外界纷扰而得到的空明宁静。

2.万物并作，吾以观其复：万物都蓬勃生长，我因此观察到循环往复的规律。

3.芸芸：纷繁茂盛的样子，形容草木繁茂。

4.各复归其根：回归本原，即返回自然本性。根，根本，指事物的本来性质。

5.曰静：王弼本作"是谓"。

6.复命：复归本性，此指回到虚静的本性。老子认为，"道"本质是虚静，天地万物由"道"产生，故回归本原即回到虚静。老子的复归思想，一方面说明人性是虚静淡泊的，因后天欲望扰乱心灵；另一方面体现出老子认为世间事物循环往复地运动变化。常：指事物运动中的规律，即永恒法则。明：明白，明智。

7.不知常，妄作，凶：不懂法则妄为就会带来灾难。

8.容：包容、宽容。公：公正。王：天下归顺。天：即自然。没身不殆：终身没有危险。殆，危险。

静止就是还原本性

【译文】

达到极致的无形，守住深厚的清静，万物都很兴盛，我从中观察它们的循环生长。众多生物，都会回归到它们的本原。回归本原就叫静止。静止就是还原本性。还原本性就是事物发展的法则。通晓这种法则就是明智。不懂得这种法则，随意妄为就会全招来灾难。通晓这种法则就能包容一切，包容一切就能公正，公正就能使天下归附，天下归附就能符合自然天性，符合自然天性才算得道。得道才能长久，终身不会有危险。

第十七章

【题解】

老子在此章中提出自己的政治主张。他把统治者分为四类：不被人民所知的是最好的统治者，被人民所轻蔑的是最差的统治者，百姓拥戴并赞颂或百姓害怕的是处于中间状况的统治者。老子心中的国家政治是：统治者具备诚实守信的素养，安闲自适，很少下达命令，政府为人民服务，政治权力根本不会给人民施压，人民和政府和平相处，各自生活得悠闲自在。这便是老子理想的政治生活。

【本经】

太上，不知有之①；其次，亲而誉之②；其次，畏之；其下，侮之。信不足焉，安有不信③，悠兮其贵言④。功成事遂，百姓皆谓我自然⑤。

【注释】

1.太上：最好、至上，指最好的统治者。不知有之：人民不知有统治者的存在。

2.其次，亲而誉之：比这差一些的，百姓亲近他并且称赞。

3.信不足焉，安有不信：统治者诚信不足，百姓才不信任他。表现出老子的政治理想，是统治者行"无为而治"使百姓自由满足、没有权威压力、生活安闲自适。

4.悠兮：悠闲的样子。贵言：以言为贵，不轻易发号施令。

5.自然：自己本来就这样。

【译文】

　　最好的君王使民众不知道有君王；差一点的，亲近并称颂君王；再差一点的，惧怕君王；再差一点的，就轻视君王。君王信用不足，民众不会信任。所以，君王重视言语不随便施令。功业成就，事情顺利，百姓都说我们自然而然就会这样。

第十八章

【题解】

老子认为君王失德导致社会上出现了仁义、大伪、孝慈、忠臣。社会政治清明时，人们都有仁义，所以仁义就显现不出来，也就没有必要提倡仁义。等到社会政治废弃了，人们开始崇尚仁义，希望用仁义挽回颓势，而这时的社会已混乱。老子把辩证法运用到社会治理中，指出仁义和大道废、大伪和智慧出、孝慈和六亲不和、忠臣和国家昏乱，相反相成。老子揭示了其间的对立统一关系，体现了十分丰富的辩

羲之爱鹅图　书圣王羲之信奉道家思想。

证法思想。

【本经】

大道废，有仁义①；智慧出，有大伪；六亲不和②，有孝慈；国家昏乱，有忠臣③。

【注释】

1.大道废，有仁义：社会公德被废弃，才有"仁义"产生。道，此指一种准则。

2.六亲：指父、子、兄、弟、夫、妻，此指家庭关系。

3.忠臣：帛书本作"贞臣"。

【译文】

大道废弃后，才出现仁义；智慧出现后，才出现虚伪。父、子、兄、弟、夫、妻不和睦，才出现孝顺和慈爱；国家昏暗动乱，才出现忠臣。

第十九章

【题解】

老子针对各种社会病态，于本章中提出解决方法。他在上一章中说"智慧出，有大伪"，故提倡杜绝这种智巧行为。他认为"圣""智"产生智巧奸诈，用它来治理国家，便成为"有为"之政。废弃这种扰民政策，百姓才能得到实实在在的好处。本书把"绝学无忧"放在此章，以与前句"见素抱朴，少私寡欲"并列。

【本经】

绝圣弃智①，民利百倍②；绝仁弃义，民复孝慈③；绝巧弃利，盗贼无有。此三者以为文不足④,故令有所属⑤:见素抱朴,少私寡欲⑥。绝学无忧。

【注释】

1.绝圣弃智:抛弃聪明智巧。绝,断绝。圣、智,聪明。老子认为人本性真纯质朴,但在赋予人智慧的同时,腐蚀了人的天性,从而产生各种恶习。不如抛弃所谓的"文明",使人民回归到自然状态,孝慈、善良等品德也会在人性中复苏。

2.民利百倍:人民会得到百倍的好处。

3.复:恢复。

4.此三者以为文不足:这三种东西全是巧饰,用以治理天下是不够的。三者,指圣智、仁义、巧利。文,文饰、巧饰。

5.故令有所属:所以要让人的认识有所归属。令,让、使。

6.见素抱朴,少私寡欲:素,未染色的丝。朴,未经雕刻的木材。见,同"现",显现。抱,保持。意为保持纯洁朴实的本性,减少私心和欲望。

回到自然状态的人,见素抱朴,少私寡欲

【译文】

　　抛弃圣贤智慧，百姓能得百倍之利；摒弃仁义，百姓才能重新孝顺、慈爱；舍弃技巧、私利，盗贼才不会出现。（圣智、仁义、巧利）三者不足以教化民众，应该使民众有所归属，思想纯朴，不求私利，欲望淡薄。杜绝学术知识，就没有忧虑。

第二十章

【题解】

　　本章中，老子认为美丑善恶等价值判断都相对而成，并随时代和环境的不同而变化，体现了辩证法思想。老子对比描述了世俗之人的心态和自己的心态。他展现了社会上层追求物欲享受的奢靡之态，同时以相反的形象夸张地描述了自己。文中"我"指老子本人，又不单指他个人，而是一群有抱负、有远见的人。"众人""俗人"指社会上层。他们的价值判断，没有确切标准，可以说是混淆的。文中说"我"是"愚人之心"，实为反语。世俗之人沉迷于声色享受，而"我"却甘于恬淡宁静，唯求精神升华，而不随波逐流。

【本经】

　　唯之与阿，相去几何①？善之与恶，相去何若②？人之所畏，不可不畏③。荒兮，其未央哉④！众人熙熙，如享太牢，如春登台⑤。我独泊兮其未兆⑥，如婴儿之未孩⑦，儽儽兮，若无所归！众人皆有余，而我独若遗⑧。我愚人之心也哉⑨！沌沌兮！俗人昭昭，我独昏昏；俗人察察，我独闷闷⑩。澹兮，其若海⑪，飂兮，若无止⑫。众人皆有以，而我独顽似鄙⑬。我独异于人，而贵食母⑭。

【注释】

1.唯之与阿,相去几何:唯,恭敬地答应、晚辈回答长辈;阿,怠慢地答应、长辈回答晚辈。阿,同"呵",呵斥。相去几何:相差有多少?去,离开,指距离。几何,多少。

2.善之与恶,相去何若:美好与丑恶,相差多少?恶,指丑恶。老子于此提出价值判断的相对性问题。

3.人之所畏,不可不畏:人们所畏惧的,不能不畏惧。

4.荒兮:指经历了很长时间。央:结束、完结。

5.熙熙:兴高采烈的样子。如享太牢:好像参加丰盛的筵席。享,通"飨"。太牢,指祭祀用的牛、羊、豕。如春登台,好像在春天登高远望。

6.我独泊兮其未兆:当世俗之人都兴高采烈时,我独自淡泊宁静,毫不炫耀。泊,淡泊。兆,征兆。未兆,没有迹象,引申为不炫耀、无动于衷。在这里,塑造了一个真正得"道"、宁静淡泊的自我形象,和世俗之人形成鲜明对比。

7.如婴儿之未孩:像婴儿时还不会笑。孩,同"咳",指小孩的笑。

8.若遗:不足、不够。

9.愚人:指与世俗之人不同的得"道"之人,淳朴、自然,看似木讷,实则洞悉世事,对人生的理解远远高于常人,是老子理想中的人。

10.昭昭:清楚、精明。俗人的聪明,

老子塑像

为老子所不屑。昏：愚钝糊涂的样子。察察：严厉苛刻的样子。闷闷：诚实淳朴的样子。

11.澹兮，其若海：形容"愚人"的思想境界像大海辽远广阔。

12.飂兮，若无止：形容愚人像在海上漂流一样，没有止境。

13.众人皆有以：以，用。

独自淡泊之人，重视万物本原

众人好像都有本领。顽似鄙：形容愚笨、鄙陋。此为得"道"者的特征之一。

14.我独异于人，而贵食母：我偏偏与众不同，重视用"道"来滋养自己。母，指"道"。食母，即用"道"来滋养自己。

【译文】

赞成与否决，差别有多大呢？善与恶，差别有多大呢？人们畏惧的，我不能不畏惧。（人世）那么漫长啊，都没有边际。众人争相夺利，就像享受酒席，就像登上高台春游。我独自淡泊，没有欲望的征兆，就像婴儿还不会发笑，睡在摇篮里摇摆不定，不知归处。大家都富而有余，只有我好像都失去了。我这笨人的心啊，糊糊涂涂的。别人都明白清楚，只有我昏昏沉沉；别人都清楚明白，只有我浑浑噩噩，恍惚得像大海昏暗，到处漂流而没有地方停歇。众人都有作为，只有我顽固鄙陋。只有我跟别人不一样，重视道这个万物本原。

老子

第二十一章

【题解】

老子在开篇之作中就指出"道"是宇宙的本原。学术界对"道"的性质却有不同解释,出现"道"是唯心主义的和"道"是唯物主义的两种观点。老子在本章中进一步阐释第十四章关于"道"是"无状之状,无物之象,是谓惚恍"的观点,明确指出由极其微小的物质组成的"道",虽无形无体,但的确存在,万物都由它生成。他还指出"道"决定"德"的内容,"道"的属性表现为"德"的观点,集中描述了"道"的一些特性。第一章、第四章、第十四章、本章和第二十五章,是研究道的性质问题的重要篇章。

【本经】

孔德之容,惟道是从①。道之为物,惟恍惟惚。惚兮恍兮,其中有象;恍兮惚兮,其中有物。窈兮冥兮,其中有精②。其精甚真,其中有信。自古及今,其名不去,以阅众甫③。吾何以知众甫之状哉?以此。

【注释】

1.孔德之容,惟道是从:孔即甚、大,孔德即很高的德或大德。高德位的行为形貌是对道的效仿,这说明积德可以配道。

2.窈兮冥兮,其中有精:窈,幽深;精,同"情",帛书本作"请"。意为文静幽深中,包含有一股精气。

3.众甫:同众父,众父即具象世界的众多"王者"——人群王朝的君主,物类王朝的"天父"等。

【译文】

很高德位的行为形貌是对道的效仿。道化生万物的过程表现为

泉州老君岩老君雕像是我国最大的老子雕像

老子

恍恍惚惚的不确定性。在恍恍惚惚的不确定之中，有了相对确定的形态停驻；在恍恍惚惚的不确定之中，又有了相对稳定的结构实体的呈现。在具象的实体世界，深远幽暗之中可以捕捉到某种情态表现。这情态表现非常纯真，它蕴含着源之于道的德的信息。从古到今，这一系列表现从未改变，阅遍了众多人群王朝、物类王朝的兴衰变迁。我是怎么知道这些人群王朝、物类王朝的基本状况的呢？就是通过观其情察其德而得知的。

第二十二章

【题解】

老子在本章中从生活经验出发总结出带有智慧的言论，加深了第二章中矛盾转化的辩证法思想。他先用了六组现象，即委曲和保全、弓屈和伸直、不满和盈溢、陈旧和新生、缺少和获得、贪多和迷惑，讲述了事物由正面向反面转化所包含的辩证法思想。然后把辩证法思想运用到社会生活中，最后得出"不争"的结论。

【本经】

曲则全，枉则直①；洼则盈，敝则新②；少则得，多则惑。是以圣人抱一为天下式③，不自见，故明④；不自是，故彰；不自伐，故有功⑤；不自矜，故长。夫唯不争，故天下莫能与之争。古之所谓"曲则全"者，岂虚言哉？诚全而归之。

【注释】

1.枉：弯曲。

2.敝：凋敝。

3.抱一：抱，守；一，即"道"，抱一意即守道。式：法式。

圣人抱定简单浑圆的一作为天下的模式

4.见：同"现"，表扬。明：明智。

5.伐：夸耀。

【译文】

委曲才能保全，弯曲才能伸直；地势低洼水才能盈满，破旧才能更新；要求少才能得到，要求太多就会惑乱。因此圣人抱定简单浑圆的一作为天下的模式。不自赏，所以明智；不自以为是，所以彰显；不自我夸耀，所以有功劳；不妄自尊大，所以位高。只因不跟人相争，所以天下没人能争过他。古人所说的委曲才能保全，怎能是空话？确实是能保全，人们才都信服的啊！

第二十三章

【题解】

本章中，老子说到易变的自然现象，并认为人的活动更易变化，故维持一种现象不变很难，只有事物本质才不会变化。人要从现象中发现本质并不容易办到。发现事物本质的人得到"道"，并可与它处于同一范畴。接近事物本质的人，相当于得到"德"，并可与它处于同一范畴。那些未发现"道"又没接近"德"的，叫作"失"，只得和"失"处于同一范畴。人要达到"道"和"德"的境界，必须不停地去追求"道"。凡不这样做的人，就只能永处在事物本质之外的"失"之中。

修养德行的，就能融入德行

【本经】

希言①自然。故飘风不终朝，骤雨不终日②。孰为此者？天地，天地尚不能久，而况于人乎？故从事于道者③同于道，德者同于德，失者同于失④。故同于道者，道亦得之；同于失者，道亦失之。信不足焉，有不信焉。

【注释】

1.希言：少说话，此处指统治者少施加政令、不扰民。

2.飘风：大风、强风。骤雨：大雨、暴雨。

3.故从事于道者：按道办事的人，此处指统治者按道施政。

4.失：失道或失德。

【译文】

少说话而顺应自然之道。大风不会刮整个早晨，暴雨不会下一天。谁造成这种情况呢？是天地。天地还不能持久，更何况人呢？所以遵循大道的，就能融入大道；修养德行的，就能融入德行；失道失德的，就只能与失败为伍。融入道的，道也乐意帮助他；融入德行的，德行也乐意帮助他；与失败为伍的，失败也乐意跟随他。诚信不足的人，就会有人不信任。

第二十四章

【题解】

老子在本章中描述了不懂道的人的几种表现，其实这种表现有很多，因为只要不以"道"来面对和解决问题就会做出不懂道的事情。老子把"物"拟人化，说"物"不喜欢不懂道的行为。因为"物"一直按道的规律行事，所以没有不遵道而行的"物"。硬要"物"不按规律办事是办不到的，此即"物或恶之"之意。凡懂道的人，都不会背道而行。

【本经】

企者不立①，跨者不行②。自见者不明，自是者不彰，自伐者无功，自矜者不长。其在道也，曰余食赘行③，物或恶之，故有道者不处也。

【注释】

1. 企：抬起脚跟，脚尖着地。
2. 跨：跃。
3. 赘行：身上多余的肉。

【译文】

踮着脚的人站立不稳，跨越着向上蹿的人不能前进，自我欣赏的人不明智，自以为是的人不会名声显赫；自我夸耀的人没人承认他的功劳；妄自尊大的人不能居高位。这些对道，就像剩饭剩菜和赘疣一样。这些都是令人讨厌的，所以有道之人不做。

第二十五章

【题解】

本章隐含了一个主体"我"，全文都是关于"我"的逻辑思维。此处"天地"指"我"所处的位置，可认为是今天的太阳系。"物"指宇宙初始态，可称之为"道"。"道"日益发展被称为"大"，"大"继续发展被称为"逝"，"逝"再发展被称为"远"，"远"接着发展被称为"反"。"我"的位置反映出"大、逝、远、反"的动态。老子用"大"指代宇宙整体，而道、天、地、人都处在"大"之中，成为不同范畴的现象。低范畴受高范畴控制。因此，人受制于地，地受制于天，天受制于道，道受制于宇宙的逻辑定律。当人明白了时，就真正领悟了宇宙的本原。

【本经】

有物混成①，先天地生。寂兮寥兮，独立而不改②，周行而不殆，可

大道无形，效仿自然

以为天下母③。吾不知其名，字之曰道④，强为之名曰大⑤。大曰逝，逝曰远，远曰反⑥。故道大，天大，地大，王亦大⑦。域中有四大⑧，而王居其一焉。人法地，地法天，天法道，道法自然⑨。

【注释】

1. 有物混成：物，指"道"。混成，混然而成，指浑朴的状态。
2. 寂兮寥兮：无声、无形。独立而不改：形容"道"的独立性、永恒性、绝对性。
3. 周行而不殆，可以为天下母：周行，循环运行。不殆，不息。母：天地万物由"道"产生，故称"母"。母，指"道"。
4. 字之曰道：命名它叫"道"。
5. 大：形容"道"无边无际、力量无穷。
6. 逝：指"道"的运行周流不息、永不停止。反：返回到原点、原状。
7. 王亦大：君王也大。
8. 域中：即空间之中、宇宙之间。

9.道法自然:"道"仿效自然。

【译文】

有种物质浑然一体,在天地形成前就已存在了。它无声无形,独立存在而不改变,反复循环而不衰败,可以说是天下万物的根源。我不知道它的名字,勉强地就称它为道,勉强给它起名叫大。大就是流逝,流逝就是遥远,遥远返还。所以道大,天大,地大,君王也大。宇宙间有四大,君王就是其中之一。人仿效地,地仿效天,天仿效道,道仿效自然。

第二十六章

【题解】

任何事物都有两面性,若把事物表示为一个箭头,就一定有两个端点。人做事要遵循"中庸之道",即不走极端,而尽力去找中间平衡点。人在看到"荣"的同时要能超越它而看到"辱"。人在处境好时,要能超越它并预料到处境差时的情形,并避免处境变差。所有人都应认真地遵循"中庸之道",帝王将相也应如此。

【本经】

重为轻根,静为躁君①。是以君子终日行,不离辎重②。虽有荣观,燕处超然③。奈何万乘之主④,而以身轻天下⑤?轻则失本⑥,躁则失君。

【注释】

1.静为躁君:躁,动;君,主宰。
2.辎重:载运器械、粮食的车辆。
3.荣观:贵族游玩处,指奢华的生活。燕处:安居之地、安然处之。

4.万乘之主：拥有兵车万辆的大国的君主。乘（shèng），车的数量单位。

5.以身轻天下：用轻率的举动治理天下。

6.轻则失本：轻浮失治身的贤臣。

【译文】

厚重是轻浮的根本，清静是躁动的主宰。因此圣人整天行路，都不离供应衣食、载重的车辆。虽然有繁华景象，仍然安静而超然物外。为什么大国的君主，处理天下事时要轻率行动呢？轻浮就会失去贤臣，躁动就会丢掉君位。

第二十七章

【题解】

老子在本章中阐述了做事的方法问题，方法对了，做任何事都能做到最好。解决宇宙起源问题的方法就是去理解"道德"，因为它是宇宙的本质特征。"道德"是宇宙永恒不变的本质规律，支配着宇宙发展的整个过程，因此理解了宇宙的"道德"本质，人们就能置身于不变之地以看清各种变化。它又可分成"道"和"德"，代表了宇宙本原的两个方面。

【本经】

善行无辙迹①，善言无瑕谪②，善数不用筹策③，善闭，无关楗而不可开④；善结，无绳约而不可解⑤。是以圣人常善救人，故无弃人；常善救物，故无弃物，是谓袭明⑥。故善人者，善人之师；不善人者，善人之资⑦。不贵其师，不爱其资，虽智大迷，是谓要妙⑧。

圣人暗藏的光明

【注释】

1.辙迹：车轮留下的痕迹。

2.善言：擅长言谈。瑕谪：过失、缺点。

3.筹策：古人用作计算的器具。

4.关楗：闩梢。古代的门有关，即闩；有楗，即梢，木制。

5.绳约：绳索。约，用绳捆物。

6.袭明：内藏聪明智慧。袭，覆盖。

7.资：借鉴。

8.要妙：精要玄妙。

【译文】

善于赶路的人，不会留下辙印；善于说话的人，不会失言；善于计算的人，不用器具；善于关门的人，不用门闩也能让人打不开；善于打结的人，不用绳索也能让人解不开。所以圣人总是善于挽救人，因而没有被抛弃的人；总是善于挽救物，因而没有被抛弃的物。这叫作暗藏的光明。因此善人是不善人的老师，不善人是善人的借鉴。不重视他的老师，不珍惜他的借鉴，即使聪明，也会受迷惑。这就是奥妙所在。

第二十八章

【题解】

老子认为宇宙中任何事物都有两面性，且能用不同词语来指称，如本章中：雄、雌；白、黑；荣、辱。类似的事物有很多，用词也因人而异，可所描述的都是宇宙的起源及其初始态。"天下溪、天下式、天下谷"指宇宙逻辑定律的各种表现形式，"常德"指在不同情况下利用，"德"指各种状态，"常"指不变的规则。"婴儿、无极、朴"指宇宙初始时从无形到有形的成形经过。"器"指宇宙总体形状已形成。"大制"指以整体观去认识宇宙。

【本经】

知其雄，守其雌，为天下豀①。为天下豀，常德不离，复归于婴儿②。知其白，守其黑，为天下式③。为天下式，常德不忒④，复归于无极⑤。知其荣，守其辱，为天下谷⑥。为天下谷，常德乃足，复归于朴⑦。朴散则为器⑧。圣人用之，则为官长，故大制不割⑨。

质朴的世界本初被剖开分散，而成为器物。圣人用它们，而成为官长

【注释】

1.雄：喻刚劲、强大。雌：喻柔静、软弱。豀：沟溪。
2.婴儿：象征纯真、稚气。
3.式：楷模、范式。
4.忒：过失、差错。
5.无极：最终的真理。
6.荣：荣耀。辱：卑辱。谷：深谷，喻胸怀广阔。
7.朴：朴素，指纯朴的原始状态。
8.器：器物，指万事万物。
9.官长：百官首长、领导者。大制不割：制，制作器物，引申为政治。割，割裂。意为完整的政治是不可分割的。

【译文】

知道刚强，却保持柔弱，做天下的溪涧；做天下的溪涧，能保持永恒美德而不背弃，回归婴儿一样的纯朴。知道自己清楚，却保持糊涂，能成为天下的模式；做了天下的模式，就能保有永恒美德而没有差错，能回归到无终极的原初状态。知道自身荣耀，却安守卑贱，能做天下的深谷；做天下的深谷，能永恒德行就会完美，返璞归真。质朴的世界本初被剖开分散，而成为器物。圣人用它们，而成为官长。因此，完整的政治是不可分割的。

第二十九章

【题解】

老子在本章中说即使牢牢抓住"物"也不能"得道"。宇宙起源前没有任何"物"，故抓住"物"也得不到宇宙始点。老子认为"得

道教名山青城山的老君阁

道"之法是在宇宙中先找一个确定的"点"——"我",即"我在",一个确定存在。个体"我"扩大到集体"我"后,认识到"他在"。"我"的无限扩张与宇宙的无限相对应,完成由"我"到认识整个宇宙的过程。可称之为"存在论"。然后认识到"我在"是一个过程,一切都是过程,整个宇宙也是一个过程。可称之为"过程论"。存在和过程是同一事物的两个方面,一切都是存在、又都是过程,这种观念可称为"集合论",即一切都是存在和过程的集合体。三者最终构成"认识论"。最后归纳出宇宙的逻辑定律,并用它寻找宇宙始点,解开宇宙起源之谜,才算真正"得道"。"得道"的结果是建立宇宙"大方",即建立一个完备的宇宙模型,可称之为"绝对空时系",以和后来在此基础上产生的"相对空时系"相区别。

【本经】

将欲取天下而为之,吾见其不得已①。天下神器,不可为也②。为者败之,执者失之③。故物或行或随,或歔或吹,或强或羸,或挫或隳④。是以圣人去甚,去奢,去泰⑤。

【注释】

1.取:治理。为:靠强力去做。不得已:达不到。

2.天下神器:天下,天下人。神器,神圣的物。

3.执:掌握。

4.故:一本作"夫"。物:指人,也指一切事物。随:跟随,顺从。或歔或吹:歔,轻声和缓地吐气;吹,急吐气。羸:羸弱、虚弱。或挫或隳:挫,安稳;隳,危险。

5.泰:极、太。

【译文】

打算夺取天下来治理,我看他不会达成目的。天下是上天意志决定的。要改变定会失败，把持不放定会失去。因此，天下万物有的在前行走，有的在后跟随；有的呵气，有的猛吹；有的强，有的弱；有的成，有的败。因此，圣人去除极端、奢侈、过分的东西。

第三十章

【题解】

老子认为战争是违反"道"的行为，属于"不道"的范畴。逻辑定律的"道德"规则支配宇宙自然的运行。人类是这个整体箭头的一部分，但人类进程又可作为一个相对独立的箭头而存在，即人类整体过程就是一个箭头，而且有其自己的"道德"。"无思无虑"是宇宙自然的"道德"特征。人类"道德"却是"思虑"的产物。人能认识并利用宇宙的逻辑规律，使自身逐步向良性发展。人类"道德"保证了自身的良性发展方向，并尽可能延长它的时间。为此，人类"道德"应使当前的人和今后的人都处于平衡的生存状态，并让它保持下去。战争却破坏了这种良性状态，而且物质的过度使用和环境的破坏使后人没

老子休憩图

有了好的生存状态，还可能造成毁灭性的灾难。因此说，战争是违反"道"的行为。

【本经】

以道佐人主者，不以兵强天下。其事好还①。师之所处，荆棘生焉；大军之后，必有凶年②。善者果而已，不敢以取强③。果而勿矜，果而勿伐，果而勿骄，果而不得已，果而勿强。物壮则老，是谓不道，不道早已④。

【注释】

1.其事好还：用兵这件事一定会得到报应。还，还报、报应。

2.凶年：荒年、灾年。

3.果：成功、获胜。不敢：帛书本为"毋以取强"。取强：逞强好胜。

4.物壮：强盛。不道：不合于"道"。早已：很快死亡。

【译文】

用道辅佐君主，不用武力逞强于天下，用兵往往会有报应。军队驻扎的地方，会生出荆棘；战争过后，一定会出现荒年。因此，善用兵的人，取胜后立即停止，不敢称霸。取胜后不要自恃，取胜后不要自夸，取胜后不要骄傲。靠武力取胜，是不得已的。取胜后不要逞强。事物强盛到极点就要衰老，这是违反了道。违反道就会很早结束存在。

第三十一章

【题解】

老子在本章中接着痛斥战争，指出发动战争是迫不得已的，意即不这样做就会对人类进程整体构成灭顶之灾。人类能完全消除战争吗？人类若都能懂道，战争就可避免，可世界上仍有不懂道的人。全人类共同努力才有可能使人类进程整体达到丰富而完美的状态；可要破坏它，却只要少数人就可以了。因此我们要大力传播"道"之理，让所有人都能懂"道"，并循"道"而行。这样人类就有可能过上良性发展的生活，使人类进程整体能不断地丰富内涵和延长时间。

【本经】

夫唯兵者①，不祥之器，物或恶之②，故有道者不处。君子居则贵左③，用兵则贵右。兵者不祥之器，非君子之器，不得已而用之。恬淡为上④，胜而不美。而美之者，是乐杀人。夫乐杀人者，则不可得志于天下矣。吉事尚左，凶事尚右。偏将军居左，上将军居右，言以丧礼处之。杀人之众，以悲哀泣之⑤；战胜，以丧礼处之。

内心淡泊宁静才高尚

【注释】

1.夫兵者：夫，发语词。兵，指兵器。

2.物或恶之：人所厌恶的东西。物，指人。

3.贵左：古人以左为阳以右为阴，阳生而阴杀。尚左和尚右，都是古人礼仪。

4.恬淡：安静、沉着。

5.悲哀：一本作"哀悲"。

【译文】

武器很不吉祥，有的人也厌恶它，所以有道的人不使用它。君子平时以左为贵，指挥战事时，以右为贵。武器很不吉祥，不是君子该使用的，只是迫不得已才用它。内心淡泊宁静才高尚。战胜也不认为好。如果以武力取胜为美，是喜欢杀人。喜欢杀人，不可能在天下实现他的野心。所以，祥和的事情崇尚左方，凶暴的事情崇尚右方。因此，偏将军站在左边，上将军站在右边，这是以丧礼的样子行事啊。如果杀人太多，就要哀伤哭泣，获胜了要用丧礼的仪式。

第三十二章

【题解】

老子认为自然之"道"是一种客观存在，不以人的意志为转移。人只有"守道"，遵循"道"的规律行事，才能获得更多好处。

【本经】

道常无名①。朴虽小，天下莫能臣也②。侯王若能守之，万物将自宾③。天地相合，以降甘露，民莫之令而自均④。始制有名⑤，名亦既有，夫亦将知之，知止可以不殆⑥。譬道之在天下，犹川谷之于江海⑦。

【注释】

1.无名：此指"道"的特征。

2.小：形容"道"隐而不可见。莫能臣：没有人能臣服它。臣，使之服从。

3.自宾：宾，服从。自然归服于"道"。

4.自均：自然均匀。

5.始制有名：万物兴作，于是产生各种名称。名，名分，即官职名称。

6.不殆：没有危险。

7.之于：流入。

【译文】

道通常没有固定的名字。它的最初本质虽然弱小，但天下没有不臣服的。诸侯国王如果能保有它，天下万物就会自动归附。天地相交才降下雨露，没人命令它也会遍洒大地。分散道原来的本质而成为能命名的东西。有了名字之后，天道也将会被人知道，知道了就不会有危险。道与天下，就像河流与江海之间本末相连。

第三十三章

【题解】

本章中，老子根据人们从不同角度理解"道"的不同结果，将人予以分类。不管从整体上说还是从具体上说，"道"广泛存在。"道"根据人所处的具体环境而表现出不同现象。人们看事物的角度不同，再加之理解力的差异，对"道"理解的深度也不一样，所以也就产生各种不同的"道"。

【本经】

知人者智，自知者明；胜人者有力，自胜者强①；知足者富，强行者有志②。不失其所者久，死而不亡者寿③。

【注释】

1.强：刚强。

2.强行：坚持不懈。

3.死而不亡：身虽死而"道"犹存。

【译文】

了解他人，是聪明；了解自己，是明智。打赢他人，是强壮；战胜自己，是强大。能满足，是富有；奋力去做，是有志气。不失去适合自己的地方，能长久；死后名声不会消亡，是长寿。

第三十四章

【题解】

"大道"指宇宙的初始态。它有两种情形,一是宇宙的源起态,一是人利用心法去模拟宇宙的源起态,它们在逻辑上一致。处在宇宙中的人,感受到宇宙的庞大,并思考如何去理解它。若按从"物"的个体到宇宙整体的顺序来认识,则是一个无限的过程,而且宇宙还有看不见的部分无法认识。圣人以"常无欲"的方式去寻找宇宙的"小",得到宇宙的逻辑定律,以此重建宇宙,了解到宇宙从始点发展而来的整体情况"大道",得以认清"大"。"大"的问题也要通过"小"来解决,

天下万物依赖道而生长

且在起源时无所谓"小"和"大",因为起源时只是一个始点。世间万物都一定有其始点,所以说具有"始点"即是世间万物的本质。"常无欲"是专门用来寻找事物始点的"非常"方法,且可以广泛运用,即使是宇宙整体也适用此法。

【本经】

大道泛兮①,其可左右。万物恃之而生而不辞②。功成不名有,衣养万物而不为主③。常无欲,可名于小④。万物归焉而不为主,可名为大⑤。是以圣人之能成大也,以其不为大也,故能成大。

【注释】

1. 泛：广泛,泛滥。
2. 不辞：不发布命令。辞,言词、命令。
3. 不名有：不居功。衣养：覆盖。不为主：不自以为主宰。
4. 小：渺小。
5. 大：伟大。

【译文】

大道广泛,即使相对立的两面中都有它。天下万物依赖它得以生长,它却不发布命令。功业完成,它也不占有；珍惜养育天下万物,它却不做万物的主人。总是毫无欲望,可以说它渺小；万物归附却不管辖,也可以说它强大。所以圣人始终不强大,才能成就自己的强大。

第三十五章

【题解】

老子在本章中描述了宇宙整体的形象，"大象"指宇宙整体。宇宙的整体形象从逻辑上讲就是一个。"大象"即指宇宙的逻辑定律。可把宇宙从其始点到"我"所在的位置看成是一条轨道，人能利用其"心法"走完这条轨道。老子认为，人要经过"安、平、太、乐、饵"五个阶段，才能使"心法"产生作用，从而达到轨道终点"过客止"。可这个终点也是宇宙的始点。宇宙的轨迹即从这个始点到"心法"的出发点，虽然这是一条重建的宇宙轨道。自然的和重建的在逻辑上一致，故自然的宇宙轨道也可由重构的宇宙轨道来代表。

【本经】

执大象①，天下往。往而不害，安平太②。乐与饵③，过客止。道之出口，淡乎其无味。视之不足见，听之不足闻，用之不可既④。

【注释】

1. 大象：大道之象。
2. 安平太：安，于是。太，同"泰"，平和。
3. 乐与饵：音乐和美食。
4. 既：尽。

【译文】

遵循道的规定，四方人都过来。过来而不伤害他们，就会安乐和平。有音乐和美食，过路人就会停下来。道从口中说出，平淡无味。用眼睛观看，不能看见；用耳朵去听，不会听到；使用它却不会完竭。

道教名山——龙虎山

第三十六章

【题解】

老子在本章阐述了"微明"之法，即探寻并弄清楚最微小的因素。要做到此点，必须先找事物始点，从始点出发，才能找到事物的最小因素。老子认为，处理任何事情都可用此法。所以在寻找宇宙始点时也可用此法，一直溯源并达到"无"的高度，再返回去寻找造成宇宙诞生的最小因素——宇宙始点。

【本经】

将欲歙之，必固张之①；将欲弱之，必固强之；将欲废之，必固举之；将欲取之，必固与之②。是谓微明③。柔弱胜刚强。鱼不可脱于渊④，国之利器不可以示人⑤。

【注释】

1. 歙：敛、合。固：暂且。
2. 与：给，同"予"。
3. 微明：微妙的先兆。
4. 脱：离开、脱离。
5. 示人：给人看，向人炫耀。

【译文】

要想它收缩，一定先让它张开；想要它削弱，一定先让它强大；想要废除它，一定先让它兴盛；想要夺取它，一定先给予它。这就是隐藏智慧。柔软战胜刚强。鱼不能离开深水，国家的锋利宝器不能拿给外人看。

第三十七章

【题解】

老子认为,"道常"指"道"的规律,人只有"无为"才能得"道",因为"无"由"道"产生。"无为",就是使事物延续其产生前的"无"的形态,人们可回溯出这种状态,并以此为鉴,就可避免不利的情况产生。"名"指事物已开始出现发展趋势,若舍弃它,趋势也随之消失,此情形可称为"朴",也可称为"无

人只有"无为"才能得"道"

欲",是事物产生前还没有发展趋势的"静"的状态。老子认为,"无为"可杜绝争乱,进而达到"无不为",即可从"无"开始行事,并将它保持在对人有利的方面。老子用两者表明,人只有"无为"才能得"道"。"无为"之法也被称为"心法",即逻辑思维的方法。人必须通过逻辑思维才能对事物加以抽象,从而用抽象来照应和揭示事物本质。当人能看清事物本质,并能从逻辑上重建宇宙起源过程才算真正得"道"。"自定"即任何事物都在逻辑上有其自身的形态和地位。

"道"永远是顺乎自然的

【本经】

道常无为,而无不为①。侯王若能守之,万物将自化②。化而欲作,吾将镇之以无名之朴③。无名之朴,夫亦将无欲④。不欲以静,天下将自定⑤。

【注释】

1.道常无为,而无不为:无为,指顺其自然,不妄为。无不为,指没有一件事是它所不能为的。

2.守：守道。自化：自我化育、自生自长。

3.欲：贪欲。无名：指"道"。朴：形容"道"的质朴。

4.无欲：一本作"不欲"。

5.自定：一本作"自正"。

【译文】

"道"永远是顺乎自然的，但是没有一件事不是它所作为。诸侯君王如能坚持它，万物就会自动驯化。万物驯化后又想重生欲望，我将用道的原初本质去镇压安抚。在道的原初本质中，就会没有欲念。没有欲念万物就清静淡泊，天下将会自己安定。

德经

DE JING

第三十八章

【题解】

《道德经》分为《道经》（第一章至第三十七章）和《德经》（第三十八章至第八十一章）。本章是《德经》的开篇，是本书的核心。不明此章，则不明老子之"道"。老子的"道"可视为现代的宇宙学，尤其是关于宇宙起源的学问。老子称"道"为"非常道"，并划分为"道、德、仁、义、礼"五阶段，每个阶段又分为上、中、下三阶段。这就构成十五个小阶段，包括了老子"非常道"的核心内容。

【本经】

上德不德①，是以有德；下德不失德，是以无德②。上德无为而无以为③，下德为之而有以为；上仁为之而无以为，上义为之而有以为。上礼为之而莫之应，则攘臂而仍之④。故失道而后德，失德而后仁，失仁而后义，失义而后礼。夫礼者，忠信之薄而乱之首⑤。前识者，道之华⑥而愚之始。是以大丈夫处其厚，不居其薄⑦；处其实，不居其华，故去彼取此。

上德无为，而无以为

【注释】

1.上德：最有德。

2.失德：失去德。无德：没有德。

3.上德无为，而无以为：上德之人顺应自然而无心作为。以，故意。无以为，无心作为。

4.攘臂而扔之：攘臂，伸出胳膊。扔，强力牵引。

5.薄：不足、衰薄。首：开始、开端。

6.前识者：先知先觉者。华：虚华。

7.处其厚：立身敦厚、朴实。薄：礼之衰薄。

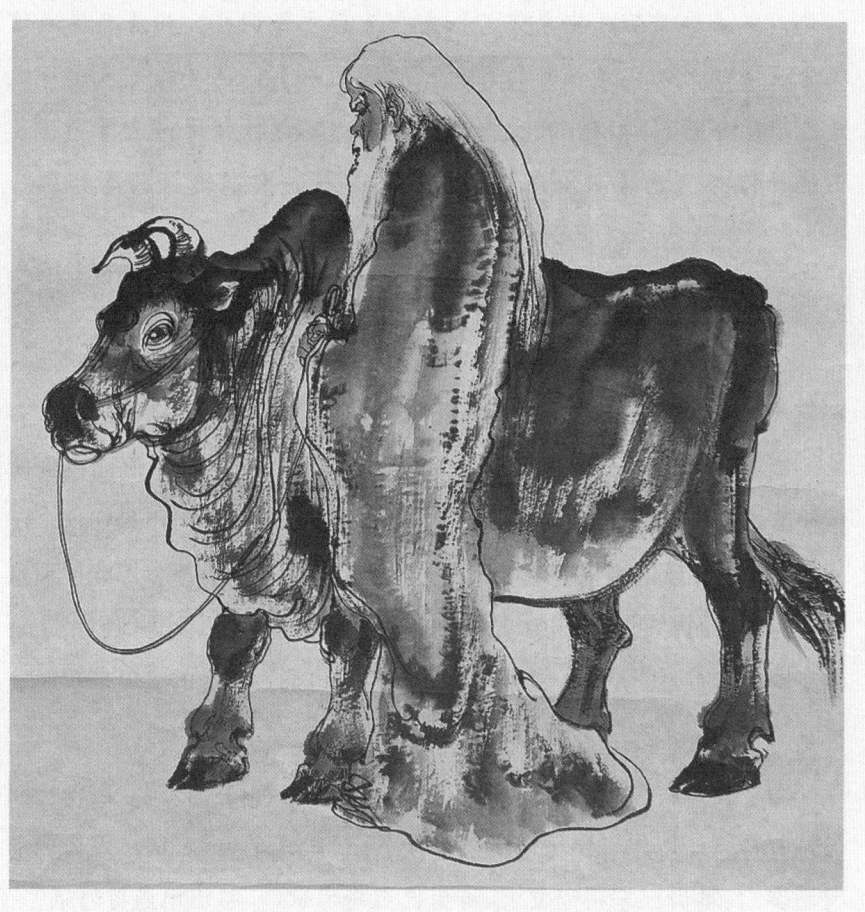

老子徐行图

【译文】

　　最有德行的人，不想着有德，所以才有德行；德行不高的人，总想不失去德行，所以才没有德行。最有德行的人不做什么，却什么都能做到；德行不高的人总想做些什么，就要寻找各种借口。最仁爱的人做仁德的事，不需要寻找理由；最有义的人行义事，就要寻找理由。最有礼的人强调礼，却没有人愿意回应，就伸出胳膊强拉着别人反复演习。所以，失去道后才讲德行，失去德行后才提倡仁爱，失去仁爱后才要求守义，失去义后才强调礼。礼是忠厚诚信观念淡薄的产物，是祸乱的开始。所谓的先见，是道的一点虚华，是愚昧的肇始。所以，大丈夫选择厚重，不选择轻薄；选择淳朴，不选择浮华。这才放弃所谓的仁、义、礼、智，选择敦厚朴质。

第三十九章

【题解】

　　老子在本章中，描述了宇宙的逻辑定律作用于具体事例而得到所希望结果的事实，证明了定律"一"的有效性。所以，若不遵守这个定律就会产生相反的结果。老子认为，本质和现象是两回事，不能把现象作为标准，而要把本质作为准则。老子主张统治者要看到为他们带来荣华富贵的本质原因是至尊的地位，要保住它可通过谦虚的表象来实现。

【本经】

　　昔之得一者①：天得一以清②，地得一以宁，神得一以灵，谷得一以盈，万物得一以生，侯王得一以为天下正③。其至也④。谓：天毋已清将恐裂⑤；地毋已宁将恐发⑥；神毋已灵将恐歇⑦；谷毋已盈将恐竭⑧；侯王毋已贵以高将恐蹶⑨。故必贵而以贱为本，必高矣而以下为基。夫是以侯王自谓孤、寡、不穀⑩，此其贱之本与？非也？故致数与无与，是故不欲琭琭如玉，珞珞如石⑪。

【注释】

1.昔之得一者：过去曾得到过"道"的。一，即"道"。

2.天得一以清：天得"道"而清明。老子将"道"看成是构成天、地、神、谷及万物所不可或缺的元素。

3.侯王得一以为天下正：侯王得"道"而成为天下楷模。

4.其至也：推而言之。致，相当于推。

5.天无以清，将恐裂：天不能清明，恐怕要崩裂。

6.发：读"废"，陷塌。

7.歇：消失。

8.谷：河谷。盈：水满。竭：尽、干。

9.蹶：跌倒、失败，即亡国。

10.孤、寡、不穀：都是侯王的谦称。孤，孤单以争取臣民拥护。寡，义同孤。不穀，不善。

11.琭琭如玉：琭琭，形容玉的华美。意为像玉那样华美。珞珞：同"硌硌"，形容石块的坚实。这是老子心中君主的理想形象，能"处下""居后""谦卑"，如基石般坚忍朴质，反映了老子"无为而治""至虚""守静"的辩证思想。

【译文】

以前得到道的：天得到道才清明，地得到道才安宁，诸神得到道才灵验，河谷得到道才盈满，万物得到道才生长，君王得到道才做了天下楷模。天如果不能清明，恐怕要裂开；地如果不能安宁，恐怕要陷塌；诸神如果不灵验，恐怕要消失；河谷如果不盈满，恐怕要枯竭；万物如果不能生长，恐怕要灭绝；君王如果不能做楷模,恐怕要失位。所以,尊贵基于卑贱,崇高基于低下。所以,君王自称孤、寡人、不穀。这不是基于卑贱吗?所以,过高的荣誉,就等于没有荣誉。不要像美玉一样晶莹,也不可像石头那样坚固。

第四十章

【题解】

老子在本章中提出"反者",它实际上是古代中国人的根本"道"法——"心法",即逻辑思维法。人能利用心法从反方向走完宇宙已走过的轨迹。老子认为,这种轨迹由强到弱,最后达到"无"的境界,即"弱者"。当"心法"从"无"的境界返回时,就一定会发生"无中生有"的状况,这其实就是宇宙产生过程的本质情形。"道之动"指和自然方向相反的轨迹"有无"或"强弱";"道之用"指自然方向的轨迹"无有"或"弱强"。不论是轨迹"道之动"还是轨迹"道之用",都是人的心法走过的轨迹。"天人合一"即指这两种轨迹的完美契合。

【本经】

反者道之动①;弱者道之用②。天下万物生于有,有生于无③。

【注释】

1.反者道之动:反,两解。一是相对、相反;二是同"返",反复、循环。皆通。老子认为,任何事物都出现在相反相成的状态中,如静与动、弱与强,它是推动事物变化发展的力量;事物又向着它的起始反复,这个起始就是虚静。事物只有返回根本,才能避免纷争。事物的运动变化都遵循规律而行,"反"即是规律之一。道之动:"道"的运动规律。

2.弱者道之用:柔弱是"道"的作用。弱,柔弱,形容"道"运作时不带压力。

3.天下万物生于有,有生于无:"有"指天地,天地由"道"产

弱者，道之用

生，是万物之母。"无"指"道"，是无形的超验存在。

【译文】

反向发展，是自然规律的运动；显示柔弱，是自然规律的作用。天下万物产生于有形，而有形则产生于无形。

第四十一章

【题解】

老子在本章中根据对待"道"的不同态度，将士分为三等："上士"懂道；"下士"不懂道；"中士"介于懂与不懂之间。下士和中士或许有可能成为上士，但现实中，下士最爱嘲笑和讥讽"道"。上士也不会因此和他争论，因为下士完全不懂"道"，跟他论争只会使他受到伤害而帮助不了他。因此，上士遇到下士抨击时，大多毫不在意。

上士闻道，勤而行之

【本经】

上士闻道，勤而行之①；中士闻道，若存若亡②；下士闻道，大笑之③——不笑不足以为道④。故建言有之⑤：明道若昧⑥，进道若退，夷道若颣⑦。上德若谷⑧，大白若辱⑨，广德若不足⑩，建德若偷⑪，质真若渝⑫，大方无隅⑬。大器晚成，大音希声，大象无形⑭，道隐无名⑮。夫唯道，善始且善成⑯。

【注释】

1.勤而行之：勤，积极。

2.若存若亡：有时想起，有时忘掉。存，留在心里。亡，同

"忘"。若，有时、相当于或。

3.大笑之：对"道"大加嘲笑。

4.不笑不足以为道：不被嘲笑，那就不足以称为"道"。

5.建言：立言、设言。

6.明道若昧：昧，暗昧。光明的"道"好像很暗昧。

7.夷：平坦。纇：崎岖、不平坦。

8.上德若谷：上德，崇高的"德"。谷，低下的山谷。

9.大白若辱：辱，黑垢。大白，最白。

10.广德：高深广大的德行。

11.建德若偷：建德，刚健的"德"。偷，怠惰、松松垮垮的样子。

12.质真：质朴纯真。渝：变污、混浊。

13.大方无隅：最方正的却没有棱角。大方，最方正。隅，角。

14.大象无形：最大的形象，看起来反而不见形体。

15.道隐无名："道"隐微而没有名称。

16.善始且善成："道"使万物善始善终，万物自始至终都离不开"道"。贷，施予。成，成就。

【译文】

　　优秀的人听了大道，就努力去遵循；中等人听了大道，有时遵守有时则不；最差的人听了大道，就嘲笑它。不受嘲笑就不能算大道。因此《建言》上说：道路光明看起来却好像黑暗，道路向前看起来却好像倒退，道路平坦看起来却好像很坎坷。德行很高看起来好像低谷，蚕丝纯白看起来却好像染上黑色，德行广博却好像有缺，德行完美却好像苟且，本质纯真却好像已变质。最端正的方没有棱角，最大的器物最后才能完成，最大的声音几乎听不到，最大的形象没有形象。大道隐藏而没有名字。只有大道才善于给予和成就。

第四十二章

【题解】

　　老子在本章画出了"绝对空时系"的宇宙坐标，一个空间直角坐标系。它一经形成，就永不变形，因为它得到了"费尔玛大定理"的支撑。怀尔斯（Wiles）于1995年证明"费尔玛大定理"是成立的。这说明，坐标系中的直角比例关系始终不变，也就是说，一个直角坐标系若要发展，则只能在保持直角关系的情况下去发展。这说明一个空间直角坐标系扩张后形状不发生变化，即一个空间直角坐标系可小到无限小，也可大到无限大。但人们至今好像还没关注到它的重要作用，它应成为宇宙学的基本定理，因为它是证明宇宙存在的根本原理。

【本经】

　　道生一①，一生二②，二生三③，三生万物。万物负阴而抱阳④，冲气以为和⑤。人之所恶，唯孤、寡、不穀，而王公以为称⑥。故物

万物背阴抱阳,阴阳气激荡达到和谐

或损之而益⑦,或益之而损。人之所教⑧,亦我而教人。强梁者不得其死⑨——吾将以为教父⑩。

【注释】

1.道生一:道是独一无二的统一体。一,即"道"。

2.一生二:"道"渐趋分化成阴阳二气。二,阴、阳二气,即天、地。"道"在混沌未分时就具备阴阳二气,而它们是万物生成的基本元素;"道"在逐渐分化时,它们的活动也逐渐频繁和分明。

3.二生三：有了阴阳，很多东西就产生出来了。三，指由阴、阳二气相合而形成的一种均匀和谐的状态。

4.负阴而抱阳：背阴而向阳。负，在背后。抱，在胸前。

5.冲气以为和：阴阳二气互相激荡交融而成为一种均匀和谐的状态，从而形成新的统一体。冲，交融。

6.孤、寡、不穀：古时君主自称的谦称。以为称：用这些词作为自称。

7.或：有时。损之而益：减少它，它反而得到增加。

8.人之所教：别人这样教导我。

9.强梁者：强悍的人。不得其死：不得好死。

10.教父：教首，即教人的第一条。

【译文】

道生出一，一派生出二，二衍化出三，三化生万物。万物背阴抱阳。阴阳气激荡达到和谐。人们讨厌成为孤儿、鳏夫、寡妇，或者品行不善的不穀，而君侯却用来称呼自己。因此事物要削减的反而增多，要增多的反而削减。别人所教我的，我也用它来教导其他人。强大霸道的人不得善终。我就把这些话当作教训。

第四十三章

【题解】

老子在本章中阐述了"不言之教"，即"教"人怎样开发运用自己的逻辑思维能力。老子认为，人们可通过"不言"来实现这种功能的开发使用，即先进入静静思考的状态，并在其中找到逻辑，通过逻辑去构建一切。"无为之益"是"不言之教"的目的，要先达到"无为"，而后才能得到"益"。"无为"是通过逻辑将事物回溯到其产

不言之教

生前的"无"的状态的方法。"教"是必须的,因为人的正常的逻辑思维以其现存认知体系为基础,必须经后天培养才能形成。"教"代表了人类文明最本质的一面。

【本经】

天下之至柔,驰骋于天下之至坚①,无有入于无间②。吾是以知无为之有益③。不言之教,无为之益,天下希及之④。

【注释】

1.天下之至柔,驰骋天下之至坚:天下最柔软的东西能在天下最坚硬的东西中自由穿行。老子以水为喻,说明柔能胜刚。

2.无有入无间:无形的力量能穿透没有间隙的东西。无有,没有形象的东西。无间,没有间隙。

3.吾是以知无为之有益:我因此知道了"无为"的好处。是以,即以是,因为这个。无为之有益,"无为"的好处。

4.不言之教:不说出来的教导。希及之:很少人知道。

【译文】

　　天下最柔弱的东西，能够驾驭、驰骋于最坚硬的东西之中。无形的东西能够进入没有缝隙的地方。我因此知道无为的好处。不言的教化，无为的好处，天下很少有人知道。

第四十四章

【题解】

　　古代中国人做事奉行"知足"和"知止"的原则，即做事要能做到"恰到好处"和"适可而止"。事物本身每刻都在变化，"知足"和"知止"也就要作相应变化，所以事实上很难完全按照这两个原则来做事。只有适应了变化才能实现"知足"和"知止"。它们还是丰富人类发展进程箭头的时间内涵的方法。若能不断地延长时间，人类发展进程箭头也就能一直延续下去。

【本经】

　　名与身孰亲①？身与货孰多②？得与亡孰病③？甚爱必大费④，厚藏必多亡⑤。故知足不辱⑥，知止不殆⑦，可以长久。

【注释】

　　1.名与身：名，名声；身，生命。亲：珍惜。

　　2.货：财货。多：相当于"重"，尊重、重视。

　　3.得与亡：得，获得；亡，失去。病：有害。

　　4.甚爱必大费：过分吝惜一定招致更大的破费。甚爱，过分喜爱虚名。大费，很大的耗费。

　　5.厚藏必多亡：丰富的贮藏一定招致惨重的损失。厚，形容损失大。

老子

［东汉］孔子见老子图（高88厘米，宽34厘米，1955年9月陕西省绥德县刘家沟出土）

6.知足不辱：知道满足，就不会遭受屈辱。

7.知止不殆：止，适可而止。殆，危险。

【译文】

名声和生命应该更珍惜哪个？生命与财产哪个更重要？得到跟失去哪个更糟糕？过分吝惜一定有极大浪费，过多收藏一定会损失最多。知足就不会受辱，懂得停止就不会遭遇危险，能长久存在。

第四十五章

【题解】

老子在本章中讲述了辩证法思想及理想人格。宇宙一直在变化发展，常常会发生物极必反的现象。人要理解变化之道，即懂得宇宙的逻辑定律，才能认识宇宙。人只有做到内心"清静"，进入"无"的高度才能懂得"道"。因此"清静"是达到"道"的唯一途径。"正"意为"止于一"，因此"天下正"其实就是使宇宙万物都统一于宇宙的逻辑定律。"大成、大盈、大直、大巧、大辩"都属于非常道范畴。

【本经】

大成若缺①，其用不弊②；大盈若冲③，其用不穷④。大直若屈⑤，大巧若拙⑥，大辩若讷⑦。躁胜寒，静胜热⑧，清静为天下正⑨。

【注释】

1.大成若缺：大成，最圆满的东西。若缺，好像有所欠缺一样。

2.其用不弊：它的作用不会破败。弊，破败。

3.大盈若冲：冲，虚空。

4.穷：穷尽、穷竭。

5.屈：弯曲。

6.大巧若拙：最灵巧的却看似很笨拙。

7.大辩若讷：最有辩才的却好像不善言辞。大辩，最善雄辩。讷，说话迟钝。"若缺""若冲""若屈""若拙""若讷"都是对一个完善人格外在形态的描述，"大成""大盈"是其本质。老子的理想人格与虚静、退守的人生追求一致。

8.躁胜寒，静胜热：躁动能抵御严寒，安静能抵御酷热。

9.清静为天下正：正，通"政"，首领、君主。

【译文】

完美的成就似乎有缺陷，使用它却不会衰败；最盈满好像仍有虚空，使用它却不会穷尽。最刚直的似乎弯曲，最灵巧的好像笨拙，最善辩的似乎口拙。躁动能抵御严寒，安静能抗御酷热。清静是天下的法则。

第四十六章

【题解】

老子在本章中提出"知足"的观点，即做事要恰到好处，适可而止。"知足"是古人所遵循的处世原则，它建立在懂道的基础上。因此，当事物沿"道"而行，人处于理性状态时，社会就呈现出安定的状态。可是，人若受欲望的驱使，抛弃了理性，社会就会动荡不安。"知足"是一种积极的处世态度，它要求人们正确对待自身的生存环境，选择最好的生活方式，使人类能始终保持一种良性生存状态。自然灾害才是人类要对付的。从人类发展进程来说，人类有责任使好的状态不断延续下去。老子反对战争，但现实情况是战争愈演愈烈，这说明人类并未遵"道"行事。各个时代的人都遵守"道",懂得"知足",克服欲望,消灭战争,人类才有可能进入理想社会。

【本经】

天下有道,却走马以粪①;天下无道,戎马生于郊②。罪莫厚于甚欲,咎莫憯于欲得③,祸莫大于不知足④。故知足之足,常足矣⑤。

【注释】

1.天下有道,却走马以粪:天下太平安定,就把战马退给农民去耕种。却,退回。走马,善跑的马,指战马。粪,指耕田种地。

2.天下无道,戎马生于郊:由于连年战争,怀孕的母马也被派上战场,以致在战场上产仔。戎马,战马。生于郊,小马驹被生在战场郊野上。

3.咎:过失、罪过。欲得:贪得无厌。老子从人道主义出发,关注战争给人民带来的痛苦和灾难,指出战争根源是统治者不知足,认为贪欲是世上最大的祸根。

4.祸莫大于不知足:没有比不知足更大的祸患了。

5.故知足之足,常足矣:所以知道满足这样的满足,是永远满足的。这是老子为化解矛盾、避免战争而提出的方法,他把知足作为消解矛盾的根本方法。

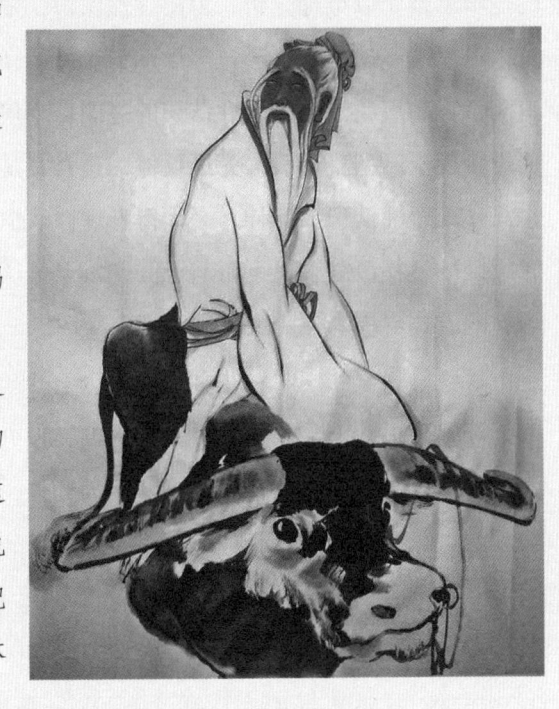

【译文】

天下无为的时候,人们就卸下战马耕田;天下有为的时候,战马就会在战场郊野上生马驹(比喻战事频繁)。罪恶之中没有大过欲望强烈的,灾祸之中没有大过不知满足的,错误之中没有大过贪得无厌的。所以,知足而足够,就会永远觉得足够。

第四十七章

【题解】

本章中,老子认为要认识"道",不能单凭感性认识,还需要理性认识的指导。户外观察,只能得到大量的感性认识,人需要通过抽象的逻辑思维予以推理分析,得出理性认识,才能认识"道"。所以说,圣人可以"不出户",通过理性知识也可"知天下"。探索宇宙规律和追溯宇宙始点属于人的理性认识的范围。现代科学为解决宇宙起源问题而寄希望于巨型望远镜等先进仪器,这其实是不可能实现的,仪器再大也只是人感性认识的延伸,必须得有理性认识的指导才行,才能经由逻辑思维的过程最终解决宇宙起源问题。老子认为,这个问题可通过"无为"的方式解决。

【本经】

不出于户,以知天下[1];不窥于牖,以知天道[2]。其出弥远者,其知弥鲜[3]。是以圣人不行而知[4],不见而明[5],弗为而成[6]。

【注释】

1.不出于户,以知天下:不用出门到外面去,就能推知天下事理。老子认为,心灵清明,自身便具备洞察外界自然、透视现实世界的能力。

2.窥:从小孔隙里看。牖:窗户。天道:指自然万物发展变化的规律。

3.其出弥远，其知弥鲜：有人走出去越远，他知道的东西就越少。出，走出门外。弥，越、愈。老子认为，心灵具有本明的智慧，但心智活动向外扩展，就会使思绪纷乱、精神涣散。

4.不行而知：不用亲自出去，就能知道外界情况。行，出行、实践。

5.不见而明：不必亲自观察就能明了。

6.弗为而成：不竭力去有所作为却能成就大事。弗为，不妄为。

【译文】

不出家门就能掌握天下，不看窗外就能了解自然规律。走得越远，知道的就越少。因此，圣人不去做就能知道，不用看见就能明白，不必作为就能成功。

第四十八章

【题解】

老子在本章中阐述了两个性质相反的问题——"为学"和"为

道"。"为学日益"指每天的学习都有新收获。"益"的反面"损",是"为道"的结果。"为道"是通过"心法"探索宇宙起源的过程,"损"就是减少,"损之又损"就是持续减少,最后达到"无"的结果,即"无为"。通过"心法"达到"无"并不是其最终结果,还要从"无"回到初始点。由此来看,"为道"是一个"有到无"的过程,以达到"无"为目标;"为学"是"无到有"的过程,以"取天下"为目标,即从"无"开始以逻辑重构宇宙。老子所谓"无不为"即把宇宙重构出来,使之从"无"中重生。

【本经】

为学日益①,为道日损②,损之又损③,以至于无为,无为而无不为④。取天下常以无事⑤,及其有事⑥,不足以取天下。

【注释】

1.为学日益:学,指政教礼乐之类的学问。为学,指对仁义圣智礼法等的追求。日益,一天比一天增加。老子认为认识宇宙规律,要靠心灵的"玄览""静观"。

2.为道日损:为道,指通过冥想或体验领悟事物未分化状态的"道"。道,指自然之"道"、无为之"道"。日损,一天比一天减少。老子认为,"为道"是通过直观感受来把握事物未分化的状态,做得愈深,内心私欲就愈少,就可无为。

3.损之又损:私欲妄见减

为学日益

少再减少,最终达到"无为"。

4.无为而无不为:不妄为,就没有什么事情做不成。

5.取:治理、掌握。常以无事:常用无为之法。常,经常。以,介词,用。无事,无为、无扰攘之事。

6.有事:有为,指政治措施繁多严苛。

【译文】

学习而知识每天增加,修道而欲望每日减少。减少再减少,能达到无为的境界。无为就什么都能做到了。治理天下总是靠无为。如果有为,就不能治理天下。

第四十九章

【题解】

老子在本章中描述了他理想中的执政者形象。古代的圣人相当于现代的科学家。远古社会发明了八卦和文字后,圣人就负责传承八卦和文字,成为传统文化的继承者而受到广泛爱戴。远古人的宇宙模型及其数学体系,被称为八卦,"道"即指关于八卦的学问,而"易"指关于八卦和道的理论。古圣人和百姓没有统治与被统治的关系,他们能以百姓之心为心,其成果往往能推动社会进步,因此百姓都很关注圣人的工作。

【本经】

圣人恒无心①,以百姓之心为心②。善者善之③,不善者亦善之,德善也④;信者信之⑤,不信者亦信之,德信也⑥。圣人之在天下也,歙歙焉,为天下浑心⑦。百姓皆注其耳目焉⑧,圣人皆咳之⑨。

道教名山——葛仙山

【注释】

1.无心：没有意志，没有主观意见。

2.以百姓之心为心：以老百姓的意志为意志。老子认为，理想的统治者应收敛意欲，克服自我中心而去体会百姓疾苦。

3.善者善之：善良的人，以善良对待他。

4.德善：使人人都向善。德，通"得"，得到。

5.信者：诚实的人。

6.德信：得到诚信的真谛。

7.浑心：使人的心思归于混沌、纯朴。

8.百姓皆注其耳目焉：百姓都听从圣人教诲。

9.圣人皆咳之："咳"通"孩"，婴儿。圣人像对待孩子一样对他们。

【译文】

圣人没有固定的思想，而是体会百姓的思想形成自己的思想。善良的人，我以善良对待他；不善良的人，我也以善良对待他。这样就得到了善良的真谛。诚实守信的，我相信；不诚实守信的，我也相信。这样就得到了诚信的真谛。圣人提心吊胆地治理天下，圣人糊里糊涂地主持天下。百姓都看着圣人，听从教诲，圣人像对婴孩一样对他们。

第五十章

【题解】

老子认为，宇宙总体上可分为十个逻辑发展过程。"生之徒"是宇宙的初始态，可分为三个小过程，占总体的十分之三。"死之徒"，即"无"，也占总体的十分之三。"动之死地"是扩张而来的"绝对空时系",也和"生之徒"相对应,占总体的十分之三。"死之徒"属于"愚"的范畴;"生之徒"和"动之死地"属于非常道范畴。其余十分之一的"人之生"属于常道范畴,即今之宇宙,可称为"相对空时系"。"人之生"的过程有"实物",而前九个逻辑过程都没有"实物",故老子以"死"来描述。处于常道范畴中的"人之生"也存在生与死的问题。老子认为,人若不能置身于"死地"即死的范畴,那么人就一定仍处在"生"的范畴。

【本经】

出生入死①。生之徒,十有三;死之徒,十有三②;而民生生,动皆之于死地,亦十有三③。夫何故也?以其生生也④。盖闻善摄生者,陆行不辟兕虎,入军不被甲兵⑤。兕无所投其角,虎无所用其爪,兵无所容其刃。夫何故?以其无死地焉⑥。

【注释】

1.出生入死:人始于生而终于死。

2.生之徒:徒,属、类。十有三:十分之三。

3.动皆之于死地:人本来可以得生,却走向了死路。

4.以其生生也:为追求长生而过分享受,奉养过厚。

5.盖:句首语气词。摄生:养生。摄,养护。陆行:在陆地上行走。兕:犀

《道德经》书影

牛。入军：到军队中参战。被甲兵：躲避武器。甲兵，武器、兵器。

6.无死地：没有进入死亡的领域。

【译文】

　　人始于生而终于死。长生的方法占十分之三，致命的方法占十分之三。人生中，自己举动导致死亡的，占十分之三。什么原因呢？因为供养生命要求太丰厚。听说善于养生的人，走路不用躲避犀牛老虎，打仗不必躲避刀枪剑戟。犀牛找不到顶角的地方，老虎找不到下爪的地方，兵器找不到下刃的地方。什么原因呢？因为没有致命的地方。

第五十一章

【题解】

　　老子在本章中重点讲了"德"的作用，阐述了"道"以"无为"的方式生养万物的观点。"玄德"即"上德"。他认为，万物由"道"产生，而由"德"养育，但万物的繁衍生息并不受"道"和"德"的影响，而是顺应自然。"德"是"道"的代表，是"道"在人类社会的具体表现。万物成长的过程是：首先，"道"生万物；其次，"道"内在于万物，成为万物本质；再次，万物发展成个别独立的存在；最后，在周围环境的培植下生长成熟。

【本经】

　　道生之，德畜之，物形之，势成之①。是以万物莫不尊道而贵德。道之尊，德之贵，夫莫之爵而常自然②。道生之畜之，长之育之，亭之毒之③，养之覆之④。生而不有，为而不恃，长而不宰，是谓玄德⑤。

【注释】

　　1.势：自然环境。

道生出万物，德性蓄养万物

2. 莫之爵而常自然：不干涉而顺其自然。

3. 亭之毒之：一本作"成之孰之"。

4. 养：护养。覆：保护。

5. 玄德：上德。它生万物而不据为己有，养育万物而不自恃有功。

【译文】

　　道生出万物，德性蓄养万物，外物塑造万物形体，外力促使万物成长。所以，万物没有不尊崇道、德性的。道、德性受到尊崇，没有干涉而总遵循自然。所以，道生出万物，蓄养万物，使万物生长成熟，庇佑保护万物。生出万物而不占有，施恩而不自恃有恩，主导民众而不加主宰，这就是上德。

第五十二章

【题解】

　　老子在本章中论述了哲学上的认识论问题。他认为，人们应从根源出发观察自然万物的生长变化，从万物中去寻求根源，遵循规律。人们认识万物，要紧紧围绕总根源，不要偏离，否则将会迷失自我；要除去嗜欲和妄念，以真正理解事物的本质和规律。

道教名山——齐云山

【本经】

天下有始①，以为天下母②。既得其母，以知其子③；既知其子，复守其母，没身不殆。塞其兑，闭其门，终身不勤；开其兑，济其事，终身不救。见小曰明，守柔曰强④。用其光，复归其明，无遗身殃⑤，是为袭常。

【注释】

1. 始：起始点，此处指"道"。
2. 母：根源，此处指"道"。
3. 子：派生物，指由"母"所产生的万物。
4. 见小曰明：能察见细微，是明亮。小，细微。强：强健，自强不息。
5. 用其光，复归其明，无遗身殃：用眼观察，再收回眼光，不给自己带来麻烦和灾祸。

【译文】

天下有道，道是天下的母亲。已经认识了道，也就知道了它的派生物；已经知道了派生物，再守住道，终身不会危急。塞耳闭目，断绝感官，终身不勤勉；张耳睁目，努力做事，终身不被救赎。看到极微小的，是明亮；能保持柔弱，就是刚强。用眼观察，再收回眼光，不给自身灾殃，这就是遵循规律。

第五十三章

【题解】

本章中老子揭露了当时社会的一些矛盾现象，描述了黑暗社会和昏庸统治者给百姓带来的无尽苦难。统治者恃强凌弱，对百姓横征暴敛，肆意妄为，过着荒淫奢靡的生活，而普通民众却陷于困境，农田荒芜、粮仓空虚、民不聊生。老子把造成这种景象的统治者称为"盗竽"。可以说，本章把统治者的丑恶嘴脸描绘得淋漓尽致。

朝廷豪华壮丽，田间一片荒芜

【本经】

使我①介然有知，行于大道，唯施是畏②。大道甚夷③，而民好径④。朝甚除⑤，田甚芜，仓甚虚。服文采，带利剑，厌饮食⑥，财货有余。是谓盗夸，非道也哉！

【注释】

1.我：指有道的圣人，即老子自己。

2.施：邪路。

3.夷：平坦。

4.径：小路。

5.朝甚除：朝廷豪华壮丽。

6.厌饮食：饱得不愿再吃。厌，饱足。

【译文】

让我清楚地理解道的作用，就去实行它，只是担心走入邪路。大道平坦简易，人们却喜好小路。朝廷的豪华壮丽，田间一片荒芜，仓廪中空虚无比。穿着华丽衣服，佩带锐利宝剑，吃着珍稀佳肴，有很多钱财。这是夸耀权势财富，不符合道啊！

第五十四章

【题解】

老子在本章中讲述了"道"的作用，也就是"德"给人们带来的好处。本章是四十七章"不出户，知天下"和五十二章"即知其母，复知其子；既知其子，复守其母"的补充。要做到这些，还要"塞其兑，闭其门"。老子在本章中讲了修身的准则、途径和功用。修身的准则是立身处世的基础，只有基础牢固，才能立身、为家、为乡、为天下，此即"道"。老子认为只有它才是正确的认识方法。

【本经】

善建者不拔，善抱者不脱①，子孙以其祭祀不辍②。修之身，其德乃真；修之家，其德乃余；修之乡，其德乃长③；修之邦④，其德乃丰；修之天下，其德乃普。以身观身，以家观家，以乡观乡⑤，以邦观邦，以天下观天下。吾何以知天下之然哉？以此。

【注释】

1.抱：抱住、固定、牢固。

2.子孙以其祭祀不辍：子子孙孙都能遵守这个道理，后代就不会断

修之于身，其德乃真

绝。辍，停止、断绝。

3.长：尊崇。

4.邦：一本作"国"。

5.以身观身，以家观家，以乡观乡：以自身察看关照别人，以自家察看关照别家，以自乡察看关照别乡。

【译文】

善于建立的人，（所建立的）不能被拔掉；善于抱持的人，（所抱持的）不能被夺走。子子孙孙祭祀不会断绝。这样来修养自己，德性可以朴实纯真；这样来管理家庭，德性能够盛大；这样来影响全乡，德性就会久长；这样来治理国家，德性可以丰厚；这样来治理天下人，德性就能普及。因此，通过自己了解别人，通过自家了解别家，通过自己所处的乡了解别的乡，通过自己所处的国家了解别的国家，通过所处的天下了解过去和将来的天下。我怎样了解天下大事呢？就用这个。

第五十五章

【题解】

老子在本章中用形象的比喻和抽象的道理讲述了处世哲学，即"德"在人身上的具体表现。赤子喻德性深厚的人，能回归到婴儿般的纯洁柔和。"精之至"形容精力充沛饱满的状态，"和之至"形容心灵清明和谐的状态，老子认为这样能防止外界伤害和预防灾难。若贪生纵欲，自己就会受到伤害也会伤害到他人。

【本经】

含德之厚，比于赤子。蜂虿虺蛇不螫，攫鸟猛兽不搏①。骨弱筋柔而握固，未知牝牡之合而朘作②，精之至也；终日号而不嗄③，和之至也。和曰常④，知常曰明，益生曰祥，心使气曰强⑤。物壮则老⑥，谓之不道，不道早已。

【注释】

1.螫：毒虫子刺、咬人。攫鸟：用脚爪抓取食物的鸟。搏：用爪击物。

2.朘作：婴儿的生殖器勃起。朘，男孩的生殖器。

3.嗄：嗓音嘶哑。

4.和曰常：常，指事物运动的规律。和，指阴阳二气合和的状态。

5.益生：纵欲贪生。祥：妖祥、不祥。强：逞强。

6.壮：鼎盛。

【译文】

德性深厚的人，好像初生的婴儿。毒虫不螫，猛兽不抓，鸷鸟不伤。筋骨虽然柔弱，抓东西却很牢固；不知道男女交合的事，生殖器官却很兴奋，因为元精极其纯厚充盈；整天大哭，声音却不嘶哑，因为冲和之气极端纯厚充盛。懂得冲和之气，就是遵循自然之道。知道遵循自然之道的意义，就是明智。刻意延长寿命，是灾祸的兆头。好胜使气，就是逞强。事物鼎盛就要衰老，这是不遵循自然之道，不遵循自然之道就会早亡。

含德之厚，比于赤子

第五十六章

【题解】

本章接着前章和四十二章继续讲解有关"和"的问题。"知和曰常"以和为事物常态。"冲气以为和"讲事物矛盾双方经过斗争而达到和谐。本章重点讲怎样保持常态的和。三章之间逐层递进,有极强的逻辑性,讲述了"和"的最高境界。本章包含了为人处世的人生哲理。老子希望人们提高自我素养,摒除物欲,藏锋敛锷,超尘拔俗,不分亲疏、贵贱、利害,以豁达的心胸和公正的态度去看待万物。这样天下便可大治。

【本经】

知者不言,言者不知①。塞其兑,闭其门②;挫其锐,解其纷,和其光,同其尘③。是谓玄同④。故不可得而亲,亦不可得而疏;不可得而利,亦不可得而害;不可得而贵,亦不可得而贱⑤。故为天下贵。

【注释】

1. 知者不言,言者不知:聪明的人不多说话,到处说长论短的人不聪明。

2. 塞其兑,闭其门:塞耳闭目,断绝感官。

3. 挫其锐,解其纷,和其光,同其尘:挫去其锐气,解除其纷扰,平和其光耀,混同其尘世。

老子讲道图

4.玄同：玄妙齐同，此处指"道"。

5.故不可得而亲，亦不可得而疏；不可得而利，亦不可得而害；不可得而贵，亦不可得而贱："玄同"的境界已超出亲疏、利害、贵贱等世俗的范畴。

【译文】

聪明的人不多说话，到处说长论短的人不聪明。塞耳闭目，断绝感官；挫断锋锐，排除纷扰；调和光彩，混同尘埃。这就是深奥玄妙的大同。这样就不能产生亲近，不能产生疏远；不能产生得利，不能产生损害；不能产生崇高，不能产生低下。因此是天下最宝贵的。

第五十七章

【题解】

老子在本章中对"无为"的社会政治观点予以概括，充满了脱离实际的理想成分。老子已在二章、五章和十章里，将天道自然的思想，用于人道，提出"无为而治"。老子主张"无事取天下"，因为"天下多忌讳，而民弥贫；民多利器，国家滋昏；人多伎巧，奇物滋起；法令滋彰，盗贼多有"。老子生活的春秋时代，社会动荡不安，黑暗的社会现实使他看清统治者凭借权势、武力，横征暴敛，肆意妄为，造成天下"民弥贫""国家滋昏""盗贼多有"的混乱局面。所以老子提出"无为""无静""无事""无欲"的治国之策。但这种方案在当时不可能被统治者采纳，也没有实现的可能。可是这可能会警醒一些头脑清醒的统治者。

【本经】

以正治国①，以奇用兵②，以无事取天下③。吾何以知其然哉？天下多忌讳，而民弥叛④；民多利器⑤，国家滋昏；人多知而奇物滋起⑥；法令滋彰，盗贼多有。是以圣人之言曰："我无为，而民自化⑦；我好静，而民自正；我无事，而民自富；我无欲，而民自朴。"

【注释】

1.正：无为、清静之道。

2.奇：奇巧、诡秘。

3.取天下：治理天下。

4.忌讳：禁忌、避讳。民：一本作"人"，一本作"朝"。

5.利器：锋利的武器。

6.奇物：邪事、奇事。

7.我无为，而民自化：我无为，而人民自然顺化。自化，自我化育。

【译文】

治理国家要清静无为，指挥战争需奇谋诡诈，无为而治理天下。

天下多忌讳，而民弥贫

我怎样知道这道理呢？依据这些：天下有很多禁令，百姓就越贫穷；人们有很多锋利的武器，国家就越昏暗；人们掌握越多技巧，就出现更多奇怪的东西；法令越彰显，就产生更多盗贼。因此圣人说：我无为，百姓自然就驯化了；我虚静，百姓自然就有序了；我无事，百姓自然就富裕了；我无欲，百姓自然就淳朴了。

第五十八章

【题解】

老子在本章中阐述了政治、社会、人生方面的辩证法思想，其中最著名的一句当属"祸兮，福之所倚；福兮，祸之所伏"。有学者认为本章中各段落间的文义不符，衔接不畅，可能有错简的情况。我们仍依原文引述，未做文字调整。

【本经】

其政闷闷①，其民淳淳②；其政察察③，其民缺缺④。祸兮，福之所倚；福兮，祸之所伏。孰知其极？其无正也⑤？正复为奇，善复为妖⑥。人之迷也，其日固久矣⑦。是以圣人方而不割，廉而不刿，直而不肆，光而不耀⑧。

【注释】

1. 闷闷：宽厚，昏昏昧昧的样子。
2. 淳淳：淳朴厚道。
3. 察察：严厉、苛刻。
4. 缺缺：狡黠、抱怨、不满足。
5. 其无正：正，标准、确定。
6. 正复为奇，善复为妖：正转化为奇，善的变成恶的。正，方正、

老子和孔子相逢图

端正。奇，反常、邪。善，善良。妖，邪恶。

7.人之迷也，其日固久矣：人迷惑于祸、福之门，而不知其循环相生之理，时间已经很长了。

8.方而不割，廉而不刿，直而不肆，光而不耀：有棱角而不伤人，锐利而不伤人，直率而不放肆，光亮而不刺眼。

【译文】

国家政令宽泛，民众就淳厚朴实；国家政令苛刻，民众就会抱怨。灾祸啊，福依靠的东西，福啊，灾祸隐藏的地方。谁明白终极在哪里？是不是就没有标准啊？正转化成奇，善良变成邪恶。人们迷惑的日子已经很长了。所以圣人有棱角而不伤人，锐利而无伤害，直率却不放肆，光彩而不夺目。

第五十九章

【题解】

老子在本章阐述了治国和养生的原则和方法。文中"啬"并不是指对财物的吝惜，而是被老子视为人修身养性的重要美德。老子认为，吝啬指注意积蓄和养护精神，以增强根本，培养新生力量。只有积累了足够的德，才能靠近道，才能和圣人治国相结合。我们也可认为此处的"啬"意为节俭，因为老子非常注重"俭"德，这也是道家固有的思想特性。

【本经】

治人事天①，莫若啬②。夫唯啬，是以早服③。早服谓之重积德④；重积德则无不克；无不克则莫知其极；莫知其极，可以有国；有国之母，可以长久⑤。是谓深根固柢，长生久视之道。

【注释】

1. 治人事天：治人，治理百姓。事天，养护身心。
2. 啬：爱惜。
3. 早服：提前准备。
4. 重积德：加倍积德。
5. 有国之母：有国，保国。母，根本。

【译文】

治理人民，养护身心，没有比得上节俭的。只有节俭，才算是提前积蓄能量。提前积蓄能量就是加倍积德。加倍积德，就没有不能战胜的；没有不能战胜的，就没有人能清楚其极限。没人知道其极限，就能控制国家。控制国家的根本，就能长久存在。这就是所说的加深根本，巩固根蒂，延长生命，永生期盼的方法。

第六十章

【题解】

本章讲述了治国之理。"治大国,若烹小鲜"是用烹鱼比喻治国。小鱼肉质鲜嫩,若用刀乱切或在锅里不断翻动,肉就会碎。执政者治国,也要像烹小鱼那样不要经常翻动。另外,老子是无神论者,本章讲到鬼神,是说鬼神都不伤人,统治者就更不能伤害百姓了。这并不能表明老子是有神论者。

【本经】

治大国,若烹小鲜①。以道莅天下,其鬼不神②;非其鬼不神,其神不伤人③;非其神不伤人,圣人亦不伤人。夫两不相伤④,故德交归焉⑤。

【注释】

1.小鲜:小鱼。

2.莅:临。其鬼不神:鬼不起作用。

3.非:不是。

4.两不相伤:鬼神和圣人不伤人。

5.故德交归焉:让人民享受德的恩泽。

【译文】

治理国家,就像煎小鱼一样,不要多次翻

动。用自然法则统治天下，邪魔就不能作怪；不是他们不能作怪，是作怪不能伤害人。不仅作怪不能伤人，圣君也不伤人。两者不互相伤害，德性互相交融，就能造福民众了。

第六十一章

【题解】

老子生活的春秋末期，诸侯国众多，大国意图争霸四方，小国只求自保，战争频仍，百姓生活困苦。老子在本章中从兼并战争带来的灾难出发，讲述了正确处理国家关系的方法，提出治国的政治主张。老子认为，大国决定了国与国之间的关系。他反复提出大国要谦下忍让，不可恃强凌弱。本章还含有社会政治的辩证法思想。大国应像江海居于下游那样，天下才能交汇于此。大国还应像安静守定的雌性，居于柔弱而胜过雄强。本章的"国"指各种诸侯国。

【本经】

大邦者，下流也①，天下之牝，天下之交也②。牝恒以静胜牡，为其静也，故宜为下也。故大邦以下小邦，则取小邦③；小邦以下大邦，则取于大邦。故或下以取，或下而取④。大邦不过欲兼畜人，小邦不过欲入事人⑤。夫两者各得其所欲，则大者宜为下⑥。

【注释】

1.大邦者，下流也：下流，居于下流，处于江河下游。

2.天下之牝，天下之交也：处于天下雌柔的地位，是天下交汇的地方。交，交汇、汇合。

3.大邦以下小邦：大国用谦让的态度对待小国。取：取得信任、取得归顺。

4.故或下以取，或下而取：有时大国以谦让的态度取得小国的信任，有时小国以谦让的态度才能取得大国的信任。

5.兼畜人：把人聚在一起加以养护，指大国兼并、占有小国。入事人：侍奉别人，指小国侍奉大国。

6.各得其所欲，则大者宜为下：各自都满足了自己的欲望，大国还是应当注意谦下。老子认为大国态度决定了人类是否能和平相处。

【译文】

大国应当谦逊卑下，做天下各国之人交会的地方，学习雌性的柔弱安静。雌性总是用安静战胜雄性，安静地处身卑下。因此，大国要谦卑地对待小国，就能让小国信服，小国谦卑地对待大国，就能取悦大国。所以，有的因谦卑而得到信服，有的因谦卑而获取欢心。大国不过是想要兼蓄小国，小国不过是想得到庇护。两方都要实现各自的愿望，

大国应当态度谦卑。

第六十二章

【题解】

老子在本章中认为"道"是万物的根源、人类的法宝，对人生以及政治起决定性作用。"道"是世间最宝贵的东西。其可贵之处在于"求以得，有罪以免"，即善人向道求助就会得到善，罪人向道求助也可免除罪恶进入善境。不管是善良之人，还是不善之人，"道"都一视同仁。只要不善之人一心向道，深入领会"道"的内涵，即使有罪也可免除。这个"道"就是清静无为之"道"。天子三公拥有拱璧驷马，还不如心怀清静无为的"心法"。

【本经】

道者万物之奥，善人之宝，不善人之所保①。美言可以市②，尊行可以加人③。人之不善，何弃之有？故立天子，置三公④。虽有拱璧以先驷马⑤，不如坐进此道⑥。古之所以贵此道者何？不曰：以求得，有罪以免邪⑦？故为天下贵。

【注释】

1.奥：深、不为人见处，或译为主导。善人之宝，不善人之所保："道"是善人的法宝，就是连不善的人也要保护。

2.美言可以市：美好言辞可换来别人对你的敬仰。市，买。

3.尊行可以加人：美好的行为可以让人看重。加，重。加人，见重于人，被人器重、尊重。

4.置：设置。三公：周朝时所设置的三个辅弼国君的大官，即太师、太傅、太保。到汉朝后，有位无权。

道教名山——三清山

5.虽有拱璧以先驷马：拱璧在先，驷马在后。拱璧，古代一种玉，圆镜形，中间有圆孔。驷马，四匹马驾的车。古代献礼，轻物在先，重物在后。古时只有天子、大臣才能乘坐马车。

6.不如坐进此道：不如用"道"来进献。进，古时地位低的人送给地位高的人东西。

7.不曰：以求得，有罪以免邪：岂不是说有求就可以获得，有罪的人得到"道"，可免去罪过。邪，耶。本句说明"道"为"不善人之所保"的原因。

【译文】

道是万物的主导，是善人的珍贵宝物，是不善人的护身法宝。好话能买到荣誉，善行能换得尊重。那些不善之人，凭什么要抛弃呢？所以拥立天子，设置三公。即使献上四匹骏马之前供献双手才能托起的玉璧，还不如献上道。古人珍视道的原因是什么呢？不是说求就可以得，有罪能免于受灾吗？所以才被天下人看重。

第六十三章

【题解】

老子在本章中阐发了"为无为，事无事，味无味"的道理，即"无为而无不为"的处世哲学。老子反对用各种政令去束缚百姓的创造性，去破坏和干扰百姓的生产生活，要治理好国家，一定要顺应自然、遵循规律，以无为的心态和行动去面对生活。老子理想中的"圣人"就是这样去治理天下的，即"为无为"。对于社会生活中的日常事务，就要以"无事"的态度去处理。"无事"即人们从客观实际情况出发，因势利导，事情也就做成了。他认为做事要从小到大，由少到多，由易到难。

【本经】

太清之尊老子

为无为，事无事，味无味，大小多少①，报怨以德②。图难于其易③，为大于其细④。天下难事，必作于易，天下大事，必作于细。是以圣人终不为大⑤，故能成其大。夫轻诺必寡信⑥，多易必多难。是以圣人犹难之⑦，故终无难矣。

【注释】

1.为无为，事无事，味无味，大小多少：把无为当作为，把无事当作事，把无味当作味，以小为大，以少为多。这是老子的人生观和处世哲学。

2.报怨以德：即以德报怨，用恩德去报答别人的仇怨。

3.图难于其易：解决困难的事从容易的地方入手。图难，解决难事。于，介词，从。易，容易的地方。

4.为大于其细：做大事要从细小的地方入手。为大，做大事情。细，细微的地方。

5.不为大：是说有道的人不自以为大。不为大，不自以为大，即不自以为在干大事。

6.轻诺：轻易许诺。寡信：很少守信用。信，守信用。

7.犹：均、都。

【译文】

把无为当作有为，把无事当作有事，把无味当作有味道。以小为大，以少为多，用德来回报怨恨。解决困难，一定从容易处着手；成就大事，一定从细小处开始。天下的困难事，一定从容易处处理；天下的大事，一定从小事做起。所以圣人始终不想得到大功，却能成就大功。轻易许诺，一定缺乏信用；看得太容易，做起来一定很困难。所以圣人总把事情看得很难，因此始终没有难事。

第六十四章

【题解】

老子在本章中接着上一章继续阐述了事物变化发展的辩证法。他认为，任何事物都有自身生成、发展和壮大的过程，大的事物都是从小的东西开始并发展起来，人们应了解这个过程，尤其要关注在此过程中事物发展可能受到阻碍的环节，并避免它的出现，以维持事物的良好发展状态。老子运用三个排比句"合抱之木，生于毫末；九层之台，起于累土；千里之行，始于足下"形象地证明了大的东西无不从小的东西发展而来的事实。荀子《劝学篇》也有类似观点，如"积土成山""积水成渊""不积跬步，无以至千里"，这说明荀子继承了老子的这一思想。

【本经】

其安易持，其未兆易谋，其脆易泮①，其微易散。为之于未有②，治之于未乱。合抱之木，生于毫末③；九层之台，起于累土④；千里之行，始于足下。为者败之，执者失之⑤。是以圣人无为故无败；无执故无失。民之从事，常于几成而败之⑥。不慎终也。慎终如始，则无败事。是以圣人欲不欲⑦，不贵难得之货；学不学⑧，复众人之所过，以辅万物之自然而不敢为⑨。

【注释】

1.其安易持，其未兆易谋，其脆易泮：安，安定。持，维持。未兆，没有征兆时。谋，谋划。泮，消解。

2.为之于未有：在事情还没有发生时就把它做好。为，做。未有，没有发生。

3.毫末：细小的萌芽。

4.累土：一筐筐的土。累，堆积。

5.为者败之，执者失之："作为"的人总是失败，紧抓不放的人总是失去。

6.常于几成而败之：总是在做到快要成功的时候就失败了。几，差不多。

7.欲不欲：向往别人所不向往的。第一个"欲"，动词，向往、欲想。不欲，别人所不向往的。

8.学不学：学习别人所不学习的。第一个"学"，动词，学习。复：返，从错误的路上走回来，改正错误。

9.以辅：用……去辅助。不敢为：不敢妄为。

【译文】

安定时容易把持，没有征兆时容易谋划，脆弱时容易攻破，微小时容易消散。没有发生时就要去操持它，没有动乱时就要去治理它。双手才能合抱的大树，是从细小的幼苗长起；九层的巍峨高台，是从土块开始堆积；千里的路程，是从脚底开始起步。有所作为的人总是失败，紧抓不放的人总是失去。圣人无为，因此不会失败；不紧抓不放，所以不会失去。民众办事，往往在接近成功时失败。小心地对待结束，就像开始那样，就不会失败。因此，圣人想要的是没有欲望，不看重难得的珍宝；学习众人不学的东西，使民众返回质朴的本原，以符合规律趋于自然，而不敢有所作为。

第六十五章

【题解】

老子在此章中阐述了顺应自然的施政之道。他认为，统治者的方针决定了政治的好坏。统治者若推崇智巧，人们就会互相欺骗，伤害彼此；统治者质朴淳厚，才会形成良好的政风，社会才会安定，人民才会富足。老子所谓的"愚民"政策，并不是愚弄人民，而是希望人们不要被智巧、纷争迷乱心智而失去原始的纯洁天性，主张顺应自然。本章的"愚"，实际上就是质朴、自然的代名词。老子不仅希望人民真淳朴质，更希望统治者如此。

【本经】

古之为道者①，非以明民②，将以愚之③。民之难治，以其智多。故以智治国，国之贼④；不以智治国，国之福。知此两者亦楷式⑤。常知楷式⑥，是谓玄德。玄德深矣远矣，与物反矣，然后乃至大顺⑦。

【注释】

1.古之为道者：古代善于执行有"道"政治的人。为，执行。道，顺应自然的无为政治。

2.非以明民：不是用知识来使人民知晓伪诈。以，用。明，知晓巧诈。明民，让人民知晓巧诈。

3.将以愚之：使老百姓无巧诈之心，敦厚朴实。愚，在这里指敦厚朴实，不是愚弄蒙昧。

4.贼：祸害。

5.知此两者亦楷式：认识这两种方式（用智和不用智）也就是一个法则。楷式，法则、法式。

6.常：帛书本作"恒"。

7.与物反矣：与实际可见的事物正相反。大顺：自然。

【译文】

以前善于遵循道的人，不是要让民众聪明，而是使他们敦厚朴实。民众难以治理，因为他们太聪明。用聪明才智来治理国家，是国家的祸害；不用聪明智慧来治理国家，是国家的好运。明白这两条就是一条法则。永远坚持这条法则，就是最深的德性。最深的德性很深啊，很远啊，与实际可见的事物正相反。这样就能达到完全符合自然。

第六十六章

【题解】

老子在本章中以江海为喻,提出统治者要谦下忍让才能巩固统治地位的观点,并重申无为、不争的政治主张。老子用江海来比喻人处下居,同时也以此象征了人的宽广胸怀。老子运用生动的比喻阐释了深刻的哲理。

【本经】

江海所以能为百谷王者,以其善下之①,故能为百谷王。是以欲上民,必以言下之②;欲先民③,必以身后之。是以圣人处上而民不重,处前而民不害④。是以天下乐推而不厌⑤。以其不争,故天下莫能与之争⑥。

【注释】

1.江海所以能为百谷王者,以其善下之:江海所以能成为众多河流汇往的地方,因为善于处在低下的地位。为,是、成为。百谷,指百川。王,指河流归往处。者,……的原因。百谷王,百川所归附。

2.欲上民:上,动词,地位处在……上面,统治。意为想要统治人民。以言下之:以,用。言,言语。下之,把自己摆在人民之下。意为用言词对人民表示谦下。

3.欲先民:想站在人的前头,即成为领袖。

4.重:压迫、负担。害:妨害、为害。

5.乐推而不厌:推,推崇、爱戴。乐于推崇他而不会厌倦。

6.以其不争,故天下莫能与之争:正因为他不争,所以天下没有人能与他争。

老子传铅汞仙丹图

【译文】

江海能容纳一切溪流,是由于它情愿处在最低处,因此才能容纳百川。所以,圣人想要位于民众之上,一定先用言词表示卑下;想要领导民众,一定先把自己放在后面。因此圣人位于民众之上,而人们不认为沉重;领导民众,而人们不认为有害。所以天下百姓都乐于拥戴他而不厌倦。因为他不争,所以天下没有人能跟他争。

第六十七章

【题解】

老子在本章阐述了"道"的伟大和"三宝"的运用。老子认为"道"有三条原则,即"三宝":"慈",即关爱和怜悯;"俭",即节俭,慎行;"不敢为天下先",即谦逊、无为。得"道"之人能很好地遵守这"三宝",并取得好的结果,反之则走向灭亡。"慈""俭""不敢为天下先"是老子对"道"和"德"运用于社会生活的具体概括。老子身处战乱时期,目睹了太多的血腥场面,所以大力倡导将这三宝用于治国安邦。

【本经】

天下皆谓我大,大而不肖①。夫唯不肖,故能大。若肖,久矣其细也夫②!我恒有三宝,持而宝之。一曰慈,二曰俭,三曰不敢为天下先③。夫慈故能勇,俭故能广,不敢为天下先,故能成器长④。今舍其慈且勇⑤,舍其俭且广,舍其后且先,则死矣。夫慈,以战则胜,以守则固,天将建之,如以慈垣之⑥。

【注释】

1. 天下皆谓我大，大而不肖：天下人都说我的"道"很大，好像不像（任何具体的东西）。肖，像，与……相似。

2. 若肖，久矣其细也夫：如果像（什么具体的东西），它早就渺小得很了。

3. 慈：慈爱、宽容。俭：节俭、不奢靡、不肆为。为天下先：走在天下人的前面。

4. 慈故能勇：慈爱、宽容，所以才能勇敢。广：宽广，此指富裕。器长：万物的首长。器，指物。长，师长。

5. 舍其慈且勇：舍弃慈爱而求取勇敢。且，取、求。

6. 以：用，指使用慈爱。

【译文】

天下人都说我讲的道很大，似乎不能比拟。正因为它太大，所以才不能比拟。如果能比拟，就显得渺小了。我有三件法宝，紧紧抓着把它们看成宝物：一是慈爱，二是节俭，三是不敢做天下第一。慈爱，所以能勇敢；生活节俭，所以能扩大财富；不敢做天下第一，所以能成为师长。如果舍弃慈爱求取勇敢，舍弃节俭求取财富，不在后而想走在第一，就会面临死亡。慈爱，用来交战就能获胜，用来防守就能巩固。天要救助他，就会让慈爱来保卫他。

第六十八章

【题解】

老子在本章中阐述了他的军事观。他认为"武""怒"凶暴而猛烈,是一种极端表现。他倡导统帅"不武""不怒",当战争不可避免时,又应"不争"。这些和他曾阐明的"不以兵强天下"、在战争中"以慈而战、以慈而守"等主张是一致的。本章主要讲用兵作战的道理,是通过军事现象来阐释他的辩证法思想。本章既讲到用兵打仗,又讲了蕴含在其背后的辩证法思想。

【本经】

善为士者不武①,善战者不怒②,善胜敌者弗与③,善用人者为之下④。是谓不争之德,是谓用人之力,是谓配天,古之极也⑤。

【注释】

1.善为士者不武:善做将帅的人不逞勇。士,即武士,此指将帅。

2.不怒:怒,冲动、愤怒。

3.不与:不争,不正面冲突。与,争、斗。

4.善用人者为之下:善于用人的,对人态度谦下。

5.是谓配天,古之极也:符合自然的道理。配天,符合自然。古之极,古来最高的准则。极,准则。

【译文】

真正的将帅,不崇尚武力;善于用兵的人,不会冲动;经常战胜敌人的人,往往不与敌人正面冲突,就能使敌人自己屈服;擅长用人的人,对人谦恭。这就称为不争强好胜的德性,这就称为发挥别人力量的能力,这就叫应和天意,是古人的做法。

第六十九章

【题解】

本章中老子从军事学出发,阐述了以退为进的哲学思想。老子认为,战争中应处于守方,以守获胜,体现了老子的反战思想,也表明老子谦退、居下的处世哲学。本章也揭示了哀、慈、柔的原理,以说明不争的好处。他认为,若被迫卷入战争,就应处于守方。他通过军事重申了谦下忍让、无为不争的处世哲学。书中的"哀兵必胜,骄兵必败"已成为兵家常识,但本书并不是谈军事策略的兵书。

【本经】

用兵有言①:"吾不敢为主而为客②,不敢进寸而退尺。"是谓行无行,攘无臂,执无兵,及无敌矣③。祸莫大于轻敌,轻敌几丧吾宝④。故抗兵相若,哀者胜矣⑤。

【注释】

1.用兵有言:傅奕本作"用兵者有言"。

2.为主:主动进攻。为客:被动退守,不得已而应敌。客,战争时的被迫自卫。

3.行无行:虽有阵势,却像没有阵势可摆。第一个"行",动词,排行、摆阵势。第二个"行",名词,行列、阵势。攘无臂:虽要奋臂,却像没有臂膀可举一样。

攘,举起手臂。执无兵:虽有兵器,却像没有兵器可执一样。执,拿、持。兵,兵器。乃无敌矣:虽面临敌人,却像没有敌人可赴一样。

4.吾宝:即"慈""俭""不敢为天下先"。

5.故抗兵相加,哀者胜矣:抗,相对抗。兵,指军队。相加,相当。哀,沉痛、悲愤。两军相对抗,力量相当,则悲愤一方可胜。

【译文】

兵法家曾说过:我不敢主动出兵,只是不得以应战;不敢攻占一寸,宁愿退后一尺。这就是虽有阵却像没阵可摆,虽挥臂却像无臂可举,虽临敌却像无敌可打,虽有兵器却像无兵器可以执握。灾祸没有比轻敌更大的。轻敌就是丧失了我的三件法宝(慈爱、节俭、不敢为天下先)。因此,势均力敌时,哀痛的一方能取胜。

第七十章

【题解】

本章内容流露了老子因政治抱负难以实现而感到怀才不遇的苦闷心情。他提出的治国方略,易懂易行,却无人理解和施行。他治天下的理想在现实生活中得不到实现,看来只有他虚拟出的"圣人"才能帮他完成了。他还没意识到任何治国方略,都必须符合统治阶级的利益,否则就不会被采纳。老子因此有了此篇感慨之论。本章专对执政者而言。文中的"我""吾"等词,可说是"道"的人格化。

【本经】

吾言甚易知,甚易行;天下莫能知,莫能行。言有宗,事有君①。夫唯无知,是以不我知②。知我者希,则我贵矣③。是以圣人被褐而怀玉④。

【注释】

1.言有宗,事有君:言论有一定主旨,办事有一定根据。

2.夫唯无知,是以不我知:人们之所以不了解我,是因为我不夸耀。老子所提倡的虚静、不争等思想,都本于自然,易懂易行,但人们被各种名利诱惑,本性逐渐消失,对它们反而不能理解,故感叹"知者希"。

3.则我贵矣:以我的主张为准则很难得。则,动词,以……为准则。贵,难得、可贵。

4.被褐:被,同"披",穿在身上。褐,粗布衣服,穷苦人所穿。怀玉:怀揣着知识和才能。玉,美玉,引申为知识和才能。

【译文】

我的话很容易明白,非常容易实行。但天下没人能明白,没人能实行。言语有根据,行事有主张。人们之所以不明白我,是因为我不夸耀。明白我的人很少,以我的主张为准则很难得。所以圣人身披粗麻衣,却怀揣珍贵的宝玉。

第七十一章

【题解】

老子在本章中指出，圣人有自知之明，从而避免了"不知知"，这也正是由于他以"不知知"为耻、视"不知知"为病的缘故。反之，有此毛病的庸人从不认为自己不知，反而自以为是。这就是圣人和庸人的本质区别。中国古代哲人在自知之明的问题上有极其相似的观点，孔子也说过"知之为知之，不知为不知，是知也"。老子认为，真正领悟"道"的实质的圣人，从不轻易下结论，即使对已知的事物，也不会主观断定，而是把已知当作未知，这才是正确的学习态度。人只有这样才能继续寻求真理。

【本经】

知不知，尚矣①；不知知，病也②。是以圣人之不病也，以其病病也③，是以不病。

【注释】

1.知不知，尚矣：一说知道却不以为知道最好；一说知道自己有所不知最好，皆可。尚，通"上"，最好。

2.不知知，病也：不知道却自以为知道，有毛病、缺点。

3.病病：把这种毛病当作病。第一个"病"，动词，以……为病。第二个"病"，名词，指"不知知"的毛病。

【译文】

知道却像不知道一样，最好；不知道却像知道一样，有毛病。只有讨厌这种毛病，才不会有这种毛病。圣人没有这种毛病，因为他讨厌这种毛病，所以才不会有这种毛病。

第七十二章

【题解】

老子在本章中告诫统治者要有自知之明。他反对恐怖统治，反对对百姓横征暴敛。他认为，若是到了百姓不再害怕统治者的腐朽统治时，那么声势浩大的人民起义就要开始了。他劝诫统治者不要高高在上，而要"自知""自爱"，抛弃"自见"和"自贵"，这样，他才可能不会遭到人民的反抗。可是，老子已对当时的统治者失去信心，而寄希望于理想中的"圣人"。圣人有自知之明，能以百姓之心为心。他不自我炫耀，不自视高贵，才会得到百姓的爱戴和拥护。

【本经】

民不畏威，则大威至①。无狎其所居②，无厌其所生③。夫唯不厌，是以不厌④。是以圣人自知不自见⑤，自爱不自贵⑥，故去彼取此⑦。

【注释】

1.民不畏威，大威至矣：人民不害怕威压，那么更大的祸乱就要发生了。第一个"威"，指威压、威力。大威，祸乱。第二个"威"指人民的反抗斗争。

2.无狎其所居：不要过分装饰自己住的地方。

3.无厌其所生：不要让自己的生活太奢华。

4.夫唯不厌，是以不厌：因为不贪得无厌，所以才不会厌烦。

5.自知不自见：见，同"现"，表现。不自见，不自我表现。

6.自爱不自贵：自我尊重但不自以为高贵。

7.去彼取此：指舍去"自见""自贵"，而取"自知""自爱"。

道教名山——昆仑山

【译文】

民众不怕威压，大的祸乱就会降临。不要过分装饰自己住的地方，不要让自己的生活太奢华。因为不贪得无厌，所以才不会厌烦。因此圣人了解自己，却不彰显机智；珍惜自己，却不自视很高。所以，要抛弃错误的，采纳正确的做法。

第七十三章

【题解】

老子在本章中重点讲述了柔弱胜刚强和天道自然的人生哲学，认为柔弱不争是自然的规律。"勇于敢则杀，勇于不敢则活"是说两种不同的勇，因为建立的基础不同而产生两种不同的结果：死亡或存活。也就是说，建立在强悍妄为基础上的勇气，会遭到灭顶之灾；建立在柔弱谨慎基础上的勇气，才可以活命。勇和柔结合使人们得到好处，勇和妄结合却给人们带来灾祸。同样是勇，结果却有天壤之别。

【本经】

勇于敢者则杀，勇于不敢者则活①。此两者，或利或害②。天之所恶，孰知其故？天之道，不争而善胜，不言而善应，不召而自来，坦然而善谋③。天网恢恢，疏而不失④。

【注释】

1.勇于敢者则杀，勇于不敢者则活：勇于贸然行事就会死，勇于柔弱就可活命。不敢，柔弱，此指虚静守柔的态度。

2.此两者，或利或害：这两个勇的方面，一个有利，一个有害。

3.天之道：自然规律。应，回答、响应。坦然：安然。

4.恢恢：广大、宽大。疏而不失：疏，宽疏。失，漏失。意为虽然宽疏却不漏失什么。

【译文】

有勇气贸然行事的，就会死；有勇气却谨慎小心的，就能活着。这两种做法，一个有利，一个有害。上天所讨厌的那些，谁又知道它的原因呢？天道不争就能经常取胜，不说话却能很好回应，不召唤就自然而来，坦荡却善于谋划。天的法网广大而稀疏，却不会有漏网逃脱。

道教全真宗祖王重阳像

第七十四章

【题解】

老子在本章中阐述了他的自然观。他认为，人的生死顺应自然，人生在世，本应自然死亡。可是残暴的统治者为巩固自己的政权，设置严刑峻法，滥杀无辜，以为这样就能吓倒百姓。很多年轻人因此惨遭屠杀，不能享受自然寿命。老子面对这种统治者草菅人命的残酷现实，提出严正抗议。这说明老子的自然观具有浓厚的人本主义精神。

【本经】

若民恒且不畏死①，奈何以杀惧之也？若民恒且畏死②，则为奇者③，吾将得而杀之④，夫孰敢矣？若民恒且必畏死，则恒有司杀者⑤。夫代司杀者杀，是代大匠斫也⑥。夫代大匠斫者，希不伤其手矣⑦。

【注释】

1. 死：帛书本作"杀"。
2. 恒：一本作"常"。
3. 为奇者：为邪作恶的人。为，做、从事。奇，奇诡、邪恶。
4. 吾将得而杀之：得，拘押、抓起来。之，指"为奇者"。
5. 司杀者：专门管理杀人的人。
6. 夫代司杀者杀，是代大匠斫也：代司杀者，代替专管杀人的人。代，代替大匠，工匠的首领。斫（zhuó），用斧头砍木头。
7. 希：同"稀"，很少。

【译文】

民众不怕死,怎能用死使他们害怕呢?如果让民众总是害怕死亡,做坏事搞诈骗的人,我抓起来杀掉,谁还敢做坏事?通常有专管刑戮的人来杀。代替专门的人去杀人,这就好像代替高明的木匠砍削木材。代替高明的木匠砍削木材,很少有不伤到自己手的啊。

第七十五章

【题解】

老子在本章中对执政者的暴虐统治提出了义正词严的警示,他指出社会动乱不安的根本原因是统治者对人民的横征暴敛和高压政策。民不聊生,所以人们才敢冒死反抗。老子认为,宽容的政策远远要比残酷的政策明智。因为,人民一旦发动起义反抗残暴的统治,那么执政者也就过不上安稳日子了。

【本经】

民之饥,以其上食税之多①,是以饥;民之难治,以其上之有

古代流民图

为②，是以难治；民之轻死，以其求生之厚③，是以轻死。夫唯无以生为者，是贤于贵生④。

【注释】

1.民之饥，以其上食税之多：人民陷于饥饿，是因为统治者收的赋税太多。上，指统治者。

2.有为：有所作为。指用政治制度、严酷法律去统治人民，即采用烦苛的政治，统治者强作妄为。

3.民之轻死，以其求生之厚：轻死，看轻死亡，即不怕死。轻，动词，看轻、不重视。求生，养生。厚，奢厚。

4.夫唯无以生为者，是贤于贵生：无以生为者，不追求生活享乐的人。是：指示代词，这。贤：胜过的、超过的。贵生：过分看重生命。贵，以……为贵，看重。

【译文】

民众饥饿，因为统治者收税太多，因此才挨饿；民众难以治理，因为统治者作为太多，因此才不好治理；民众不看重死亡，因为生活贪求太多，因此才不重视死亡。不追求生活享乐的人，比看重今生享受的人贤明。

第七十六章

【题解】

老子通过对社会生活中一些常见现象的观察，发现世间万物凡刚强的都属死的范畴、凡柔弱的都属生的范畴，从而提出"柔弱胜刚强"的观点。老子一贯倡导贵柔、处弱。他从直观的认识角度观察到人初生时身体柔弱，死后却变得僵硬；草木初生时柔弱，死后却变得干枯。这种客观的经验认识以及事物发展的内在状况,成为老子处弱、贵柔认识论的思想根源。老子从天灾推及人祸,提出守柔法刚的观点。

【本经】

人之生也柔弱①,其死也坚强②;草木之生也柔脆③,其死也枯槁④。故曰坚强者死之徒,柔弱者生之徒⑤。是以兵强则灭,木强则折⑥。强大处下,柔弱处上。

【注释】

1.人之生也柔弱:人出生的时候身体是柔软的。生,出生。柔弱,人身体的柔软。

2.其死也坚强:人死后身体变僵硬。坚强,指人身体肌肉的僵硬。

3.草木:通行本作"万物草木"。"万物"被认为是衍文,很多古本均无二字。柔脆:指草木形质的柔软脆弱。

4.枯槁:形容草木干枯。槁,干枯。

5.故曰坚强者死之徒,柔弱者生之徒:所以坚强的东西属于死亡的一类,柔弱的东西属于具有生命力的一类。徒,同一种类的东西。死之徒,属于死亡的一类。生之徒,属于生存的一类。

6.兵强则灭,木强则折:兵,军队或兵力。用兵逞强就会遭到灭亡,树木强大了就会折断。这是老子从事物外在表现来进行阐发的。坚强的东西易遭受死亡,因为它显露突出,当外力冲击时,便首当其冲。正如高大树木易折断,人的才能过于外露,也易遭到妒忌和迫害。

【译文】

　　人出生的时候非常柔弱,死的时候就坚硬了。草木等活着都很柔软脆弱,死了就干枯了。因此,坚硬刚强是死亡的伙伴,柔软弱小是活着的伴侣。所以,军队强大就不能获胜;树木刚强就会折断。因此,强大反而处在下风,柔弱反而处在上风。

第七十七章

【题解】

　　老子在本章主要阐述了"天之道,损有余而补不足;人之道则不然,损不足以奉有余"。老子通过对自然界和人类社会的比较,以对立统一的辩证方式,得出世间万物都是相互对立的矛盾统一体的结论。自然界的所有现象,既互相对立,又互相统一。这种统一既不受外力影响又不由人为造成,而是顺其自然,在自身运动中表现出和谐、统一和平衡。自然法则均衡而合理,可人类社会却通过减少不足来弥补有余,是极不正常、极不平等的。老子对这种现实社会中普遍存在的"损不足以奉有余"的现象痛恨到了极点;可是他"天之道"的理想,却一直不能实现,"人之道"和"天之道"始终不能统一。

自然是对立统一的自然

【本经】

天之道，其犹张弓乎①？高者抑之，下者举之；有余者损之，不足者补之②。天之道，损有余而补不足③；人之道则不然④，损不足以奉有余。孰能有余以奉天下？唯有道者。是以圣人为而不恃，功成而不处，其不欲见贤邪⑤？

月盈则亏，水满则溢

【注释】

1.天之道，其犹张弓乎：天，自然。道，规则、规律。其，语气词，表反问。

2.高者抑之：高，指弦位高。意为弦位高了，就把它压低一些。下：弦位低了。有余：指弦的长度有余。损：减少。不足：指弦的长度短了。

3.天之道，损有余而补不足：自然的法则，是减少多余的，用来补给不足的。

4.人之道则不然：人类社会的现实规则不像天之道这样。人之道，指人类社会的一般法则。

5.处：占有、享有。见：同"现"，表现。

【译文】

天的规则就像张弓射箭一样吧？高的就压低，低的就抬高；多的就削减，不够就增添。天的规则是减少多余的来补充不足的。人的规则就不这样，它是减少不足的来奉养多的。谁能拿多余的来奉养天下的不足呢？只有遵循上天规则的人。因此，圣人施恩而不自恃，成就功业而不自居。大概是不想彰显贤能吧？

第七十八章

【题解】

　　老子在本章中表达了对水的赞美和提出"正言若反"的观点。老子经常以水为例来观察事物和阐述事理。柔能克刚，是自然界的一个规律，也成为老子哲学思想的一个重要组成部分。老子认为"天下之至柔，驰骋天下之至坚"。谚语"水滴石穿"，可谓是柔能克刚的有力证明。洪水肆虐，能冲破堤坝、吞没村庄，更是无坚不摧。"正言若反"是在某种情形下或一定意义上，某种特定事物的概念和它的对方具有了统一性，两者相互蕴含，相互交融，相互渗透，对立统一。因此，在同一个判断中，就包含了对立概念的发展和转变，体现出概念的灵活性。"正言若反"只在一定条件下才适用，这种灵活性也是在特定条件才成立的。

【本经】

　　天下莫柔弱于水①，而攻坚强者莫之能胜②。以其无以易之③。弱之胜强，柔之胜刚，天下莫不知，莫能行④。是以圣人云："受国之垢，是谓社稷主⑤；受国不祥⑥，是谓天下王。"正言若反⑦。

【注释】

　　1.天下莫柔弱于水：天下，天下的事物。莫柔弱于水，没有比水更柔弱的东西。

　　2.攻坚强者莫之能胜：水的性情虽然是天下最柔弱的，但攻击坚强的东西，没有什么能比得过它。攻，攻击、进攻。莫之能胜，没有能够

道教名山——崂山

超过水的。

3.无以易之:没有什么能改变它。易,改变。

4.天下莫不知,莫能行:天下,指天下的人。莫不知,没有不了解的。莫能行,没有能去实践的。

5.受国之垢,是谓社稷主:垢,屈辱。受,承受、承担。社稷,即国家。社,土地神。稷,谷神。古代帝王都要祭祀社稷,故社稷成为国家代称。

6.受国不祥:承担全国的祸难。不祥,灾难、祸害。老子认为,柔弱、谦下表面看好像处于被动和劣势,其实却占主动、处于优势。国君应像水一样,保持谦下、柔弱,承担屈辱和灾难,好像地位最低下,其实却能巩固统治地位。

7.正言若反:正面的话好像反话一样。这是老子从大量矛盾统一的事物中总结出的普遍原则。"大成若缺,大盈若冲,大直若屈,大巧若拙,大辩若讷""明道若昧""上德若讷""大象无形"等,都具体阐释了这一原则,充分体现了老子辩证法思想的深刻性。

【译文】

普天之下柔弱的东西,没有超过水的,但攻克坚强,没有能胜过它的。恐怕没有东西能改变水吧?弱小能战胜强大,柔软能克服刚强,天下没人不知道,但却没人能实行。所以圣人说:承受全国的耻辱,这才是国家的主人;承受全国的灾祸,这才是国家的君主。这是正理,听起来像是反话。

第七十九章

【题解】

老子在本章继续阐述了"损有余而补不足"之理,告诫执政者要避免与百姓之间的矛盾激化,告诉统治者不可让百姓产生太多怨恨。因为积怨过深,就难以化解。统治者用苛捐杂税去搜刮百姓,用严刑峻法去压制百姓,都会使百姓怨声载道。老子认为,治国不能蓄怨于民;用赋税和刑罚来剥削和限制百姓,就会引起百姓的怨恨不满。所以他主张"执左契而不责于人",即对待百姓要宽容,不要强迫他们,而要以"德"去影响他们。

老子出关图

【本经】

　　和大怨，必有余怨①。安可以为善②？是以圣人执左契，而不以责于人③。故有德司契④，无德司彻⑤。夫天道无亲，常与善人⑥。

【注释】

　　1.和大怨，必有余怨：调解深重的仇怨，一定会有余留的怨恨。和，调解。

　　2.安可以为善：安，疑问代词，哪里。这哪里能算好呢？

　　3.执左契：执，持有，拿着。契，即契券。古代借贷金钱、粮米等财物都用契券，竹木制成，中间刻横画，两边刻相同文字，记财物的名称、数量等，劈为两片：左片即左契，刻着负债人姓名，由债权人保存；右片叫右契，刻着债权人的姓名，由负债人保存。索物还物时，以两契相合为凭据。责：索取所欠。即债权人凭自己持有的左契向负债人索取所欠的财物。

　　4.有德司契：有"德"的人就像持有借据的人那样从容大度。有德，指有"德"的人。司，掌管、主管。司契，指掌管契据的人。

　　5.无德司彻：无"德"的人就像主管租税的人那样追索计较。彻，周代规定农民接收成交租的税收制度。司彻，是掌管税收的官职。司契、司彻，都是周代贵族所用的管账人。司契只凭契据来收付显得从容大度。司彻收租时总是斤斤计较、唯恐交租人少交。老子因此称有"德"的人为司契，无"德"的人为司彻。

　　6.天道无亲：天道，自然规律。无亲，没有偏亲偏爱。"天道无亲"与"天地不仁"意同，即自然对万物无所偏私，天地万物都依照自身发展规律而运动变化，顺乎自然。与：帮助。"天道无亲，常与善人"不是指一个人格化的"天道"去帮助善人，而是善人得到帮助是他自为的结果。

【译文】

深仇大怨调和了,一定还会留下小怨,这怎么算做了好事呢?所以,圣人拿着借据,却不向人讨去。因此,让有德的人管理借据,无德的人掌管收税。天没有私情,总是帮助善人。

第八十章

【题解】

老子在本章中描绘了一幅他理想中的小国寡民图,这也是一幅田园气息浓郁的乡村生活图。老子十分反对当时的广土众民政策,而非常向往原始社会乡村安静恬淡的生活。在他描述的乐土里,如现代村庄大小的"国家",可以彼此相望、鸡鸣犬吠之声相闻,没有盗窃和欺诈,民情淳朴,人民生活安适恬淡,结绳记事,不会钩心斗角,也不必为生计远赴他乡。现实中的所有纷争、苦恼、智巧都被一种安适、恬淡、自然所代替。

【本经】

小国寡民①。使有什伯人之器而不用②;使民重死而不远徙③;虽有舟舆,无所乘之④;虽有甲兵,无所陈之⑤;使民复结绳而用之⑥。甘其食,美其服,安其居,乐其俗⑦。邻国相望,鸡犬之声相闻,民至老死,不相往来。

【注释】

1.小国寡民:使国家变小,使人民稀少。小,使……变小,寡,使……变少。小、寡,动词。

2.使有:使,即使。傅奕本作"使民有"。什伯人之器:各种各样的器具。什伯,多种多样。

武当山

3.重死：看重死亡，不轻易冒生命危险去做事。重（zhòng），看重、重视。不远徙：不朝远处迁移。徙（xǐ），迁移、远走。

4.虽有舟舆，无所乘之：舟，

老子所描述的小国寡民的社会形态是一种桃源仙境的理想状态

船。舆，车。无所乘之，没有用车船的必要。

5.虽有甲兵，无所陈之：甲兵，武器装备，引申为布阵打仗。甲，铠甲。兵，兵器。无所陈之，没有用得着陈列武器装备的地方。小国寡民的状态，使人们与外人无争，所以武器军队在这里没有用处。

6.复：再。结绳而用之：用结绳的方法来记事。文字发明前，人们通过在绳子上打不同的结来记录不同的事情，有时也用来传递重要通知，相当于今之记事簿或文告。

7.甘其食，美其服，安其居，乐其俗：使人民吃得香甜，穿得漂亮，住得安适，过得快乐。

【译文】

国家要小一点，人要少一点；即使十倍百倍有用的工具，也不要使用；让民众看重死亡，而不往远处迁徙。虽有车船，却没有地方使用；虽有铠甲兵器，也没有地方使用。让民众重新结绳来记事。（让民众）认为自己的食物甘美，觉得自己的衣服漂亮，以为自己的住处安适，感到自己的风俗和乐。邻国近得互相能看到人，鸡鸣犬吠都能听到，可是百姓到老死都不互相往来。

第八十一章

【题解】

此章是本书的最后一章,即结语。本章以格言的形式,讲述了人生主旨和治世要义。它们可作为人类最高的行为准则,如信实、讷言、利民而不争。人生的最高境界是真、善、美的统一,而以真为核心。本章开头,老子以格言式的话语,表达了辩证法思想:真实可信的话不漂亮,漂亮的话不真实。老子通过真和美、善和辩、知和博等相反关系,探讨了真和假、美和丑、善和恶等矛盾对立的问题,说明事物的表象与本质并不一致,甚至正好相反。因为在现实生活中人们常常注重现象,看不清或不想看现象背后的本质,所以老子以绝对的方式对这个矛盾予以剖析。老子最后总结,有"道"者即"圣人",是一种理想人格。他以自然的心态去行事,有所成就却不居功,始终帮助他人,心怀恬淡。全章含有朴素的辩证法思想,是评价人类行为的道德准则。

国画老子像

【本经】

信言不美①,美言不信②;善者不辩,辩者不善③;知者不博,博者不知④。圣人不积,既以为人,己愈有⑤;既以与人,己愈多⑥。故天之道,利而不害⑦;人之道,为而弗争⑧。

【注释】

1.信言不美:诚实的话不漂亮。信言,真实可信的话。美,漂亮、华丽。

2.美言不信：漂亮的话不真实。

3.善者：善良的人。辩：巧辩、能说会道。

4.知者不博：真有知识的人不广博。知识越专精，就越狭窄；博杂的人往往不可在某一领域有所建树，即"博者不知"。博，广博、渊博。

5.圣人不积，既以为人，己愈有：有道的人不存占有之心，尽全力帮助别人，自己反而更加充足。积，私自保留、积藏。有，富有。

6.与：给予。多：与"少"相对，丰富。

7.利而不害：使万物得到好处而不伤害万物。

8.人之道，为而弗争：人类社会的行为准则，有所作为而不与人争夺。老子反对人类私欲和争夺而提出的"不争"，并非消沉颓废，而是要人们顺应自然去发挥能力。

【译文】

实在的话不好听，好听的话不实在；善良的人不狡辩，狡辩的人不善良；明白大道的人知识并不广博，知识广博的人并不明白大道。圣人不积攒什么，而是尽力照顾别人，自己反而越发充足；送给别人财物，自己反而越发富有。自然的规则，是有利万物而不给予伤害；圣人的原则，是做事而不争夺。

图文资讯 拓展书籍内容,开阔阅读视野。

拓展视频 观看在线视频,激发阅读兴趣。

阅读分享 分享阅读心得,碰撞思维火花。

趣味测评 测评阅读习惯,获取阅读建议。

扫码进入 线上阅读空间

ONLINE READING SPACE

让知识照耀人生